MAISON MÈRE

DU MÊME AUTEUR

ROMANS

Bildoungue, Christian Bourgois, 1978.
La Sultane, Grasset & Fasquelle, 1981.
Le Maure de Venise, Grasset, 1983.
Bleu Panique, Grasset, 1986.
Adrienne Lecouvreur ou le cœur transporté, Robert Laffont, 1991.
La Senora, Calmann-Lévy, 1992.
Pour l'amour de l'Inde, Flammarion, 1993.
La Valse inachevée, Calmann-Lévy, 1994.
La Putain du Diable, Flammarion, 1996.
Le Voyage de Théo, Le Seuil, 1997.
Le Roman du Taj Mahal, Noésis, 1997.
Les Dames de l'Agave, Flammarion, 1998.
Martin et Hannah, Calmann-Lévy, 1998.
Afrique esclave, Noésis, 1999.
Jésus au bûcher, Le Seuil, 2000.
Les mille romans de Bénarès, Noésis, 2000.
Le Sang du Monde, Le Seuil, 2004.
Les derniers jours de la Déesse, Stock, 2006.

ESSAIS

Lévi-Strauss ou la Structure et le malheur, Seghers, 1970, rééd. Bibliopoche, 1985.
Le Pouvoir des mots, collection « Repères sciences humaines », Mame, 1974.
Miroirs du sujet, 10/18, 1975.

(voir suite en fin de volume)

CATHERINE CLÉMENT

MAISON MÈRE

NiL éditions

ISBN 2-84111-196-2

Pour mon frère unique,
en son genre et au monde

Une enfance à la place de la peur

Depuis trois siècles, elle a sous les yeux l'eau qui coule. C'est une très vieille maison sur les bords de la Loire, séparée du fleuve par une route minuscule. Les pierres sont en tuffeau et le toit est d'ardoise. Avec le temps, la façade s'est couverte de rosiers rouges, si anciens que l'un d'eux, retourné à l'état sauvage, donne des pétales blancs. Chaque année, il faut empêcher la glycine de monter à l'assaut du poteau électrique, à côté du palmier. En août, quand la bignone donne ses dernières fleurs, les raisins de la treille sont presque mûrs et les framboisiers, s'il a plu, remontent encore un peu. C'est l'époque où les cyclistes mettent pied à terre pour contempler la maison, cette merveille.

Je ne l'ai pas achetée, je ne l'ai pas trouvée. En 1939, lorsqu'elle m'a reçue, j'avais environ trois mois. Il paraît que c'était un bel été. À l'automne, la France déclara la guerre à l'Allemagne. À compter de cet instant, et parce que c'est la guerre, je suis indissociable de la maison. Si je n'y suis pas née, c'est tout comme. Sur mes papiers d'identité, j'ai vu le jour à Boulogne-Billancourt ; le jour, à la rigueur. Mais naître prend du temps. C'est dans cette maison que mes yeux se sont ouverts sur le monde et savez-vous ? Grâce à elle, il était beau quand même.

Je n'en reviens pas d'écrire *ça*. C'était la guerre, deux de mes grands-parents y ont trouvé la mort, ma mère y a échappé de justesse, sans la vigilance de mon père, j'aurais pu y passer moi aussi, et le monde était beau à cause de cette maison. Que l'enfance fasse son trou en période de malheur, la chose est très connue. Mais mon enfance à moi n'est pas correcte. Elle manque de désespoir, je devrais présenter de mauvais souvenirs, bien atroces et d'ailleurs ils sont là, la nuit, dans mes cauchemars, je les ai même couchés par écrit, très souvent. Décidément, je n'en reviens pas de penser cela : j'ai eu quand même une belle enfance. Enfin, je crois.

Je suis née d'un mariage mixte, père chrétien, mère juive. Pendant ma première année, j'ai très peu vu mon père, parti au front en septembre 1939 et démobilisé en juin 1940. Durant l'Occupation, je n'ai pas profité de ma mère, qui se cachait à

Paris. Pharmacienne diplômée, elle venait sur la Loire comme elle pouvait, quand elle pouvait. Parents épisodiques pendant toute la guerre. Catastrophe familiale au printemps 1944. Après le débarquement en Normandie, père et mère se retrouvent et ils font un enfant. Mon frère unique est né alors qu'on ne savait pas encore si mes grands-parents juifs étaient vivants. Ma jeune et jolie mère sombra dans une mélancolie dont elle sortit très tard, encore que. Moi là-dedans, ballottée entre chrétienne aryenne sans risque et juive bonne à détruire, j'étais très silencieuse, sage, beaucoup trop sage, chut, je n'existe pas.

J'ai peu de souvenirs physiques de mes grands-parents juifs, partis dans le Sud de la France en juin 1940, arrêtés en 1944, déportés à Drancy, gazés à Birkenau. Leur présence nous obsède, les livres que nous écrivons, mon frère et moi, parlent d'eux et s'adressent à eux, les murs de la maison sont pleins de leurs portraits, mais il me reste en tout et pour tout des mains douces, des lunettes, des yeux gris, un parfum.

Si le monde fut possible, c'est à cause d'Yvonne, ma grand-mère chrétienne, maîtresse de la maison. Louis, son mari, était un grand-père épatant mais il n'était pas maître de la maison. Celle qui tenait tout, déesse des agencements, patronne des nourritures, c'était Yvonne.

Maison mère

Petite fille, j'aurais dû habiter la maison pendant les vacances, être résidentielle de juillet à septembre, parisienne en hiver, comme plus tard mon frère unique et mes cousins. Mais non. L'essentiel de ma vie de gamine s'est déroulé dans cette maison sur le bord de la Loire. Pas qu'elle ait été épargnée, oh non ! Que ce soit à Paris ou sur le fleuve, mes souvenirs sont équitablement bombardés. Mais ce n'est pas pareil. Paris, c'est l'angoisse ; la maison, pas du tout. Paris, c'était la traque ; la maison, pas du tout. Elle m'a fait une enfance à la place de la peur.

En ville, le pire arrive. Vers la fin de la guerre, je lus mon premier livre, le plus triste de tous les contes d'Andersen, *La Petite Fille aux allumettes*. Depuis cet instant, je sais. Une ville à la veille de Noël, c'est un lieu où les petites filles peuvent mourir gelées en craquant une à une, pour se réchauffer, toutes les allumettes d'une boîte qui ne sert à rien. C'est beau, le feu d'une allumette dans la nuit. Mais la petite fille meurt de froid à l'aube. Voilà la ville. La maison, elle, tient chaud.

Je crois que je lui dois davantage que la vie.

Les deux moitiés d'une fée

PENDANT la drôle de guerre, ma mère remplaça le pharmacien du coin. J'eus donc une nourrice, du genre qu'on appelle « sèche », affreux mot pour désigner une femme qui n'a pas allaité l'enfant dont elle s'occupe. Sèche, cela fait pointu, angle aigu, voix tranchante. Rose était tout le contraire et, par chance, il n'y eut pas l'ombre d'une chamaillerie entre les trois femmes qui me donnèrent la vie, ma mère, Yvonne et Rose.

Obsédantes. Elles montent le large escalier aux marches d'ardoise, me descendent en chantant, me bercent, me remontent...

Ma mère une fois cachée, restaient Rose et Yvonne.

Difficile de faire plus françaises : Yvonne, ma grand-mère, née à Dinan, pure Bretonne, et Rose, ma nourrice, née à Saumur, pure Angevine, les deux moitiés d'une fée. Yvonne eut pour mari un chimiste génial et Rose, un paysan vigneron, également pédagogues. On ne peut rêver mieux. Quand on crevait de faim et de froid dans les villes où les policiers français traquaient les juifs, quatre personnes sorties d'un conte me firent une enfance heureuse.

Des secrets ? Sûrement. Drames planqués à bouche que veux-tu, mais lorsque c'est la guerre, tout le monde s'en fout.

À Yvonne, je dois la paix profonde qu'apporte une grand-mère sereine en temps troublés ; l'ordre des meubles, la mousse de savon, le goût des fleurs, la cuisine, les bonnes odeurs. À Rose, je suis redevable de fantaisies secrètes, de rêves inouïs, de désirs de voyages, et d'une agitation toujours insatisfaite qui, sans doute, m'a faite écrivain malgré moi.

Ni l'une ni l'autre n'avaient poursuivi d'études supérieures. Je ne suis pas certaine qu'elles aient eu leur bac. Leur brevet, oui. Mais le bac ? Pour des filles dans les années 1920 ?

Deux moitiés d'une fée. L'une était comme un roc et l'autre comme une fleur. Yvonne était solide et Rose, frémissante. Il fallait voir Yvonne sur le seuil à huit heures du matin, mains à plat sur le ventre, qu'elle avait rebondi : « J'ai fait une lessive et dix bocaux de fruits », lançait-elle d'un air à culpabiliser dans l'instant toute femme levée après cinq heures. Ça filait doux. À midi et sept heures, la cloche du repas sonnait. Lorsque nous fûmes tous adolescents, Yvonne fit l'emplette d'une cloche pour vaches, seule capable de résonner sur le fleuve et d'appeler les jeunes sur les voiliers. Une demi-heure plus tard, les coupables arrivaient, l'oreille basse. Les maillots de bain mouillés étaient strictement interdits ; les secs aussi, d'ailleurs, pas de concessions. Installée à sa place, Yvonne tapotait des doigts sur la nappe. D'un œil bleu, elle parcourait son monde et son monde se taisait.

Plus tard, elle lâcha du lest. Devant ses petits-enfants éberlués, le désordre gagna les repas. Devenue vieille, Yvonne lorgnait sévèrement les plats où gisaient, interdites, les saucisses et rillettes contraires à son régime, et soudain ! l'œil plus bleu que jamais, elle murmurait : « En veux-tu, Yvonne ? » et hop ! piquait sa fourchette dans le plat. Jamais elle ne fit le moindre compromis sur la charcuterie. Le docteur ne veut pas ? Très bien. En veux-tu, Yvonne ? La réponse était oui et l'interdit, au feu.

Saucisses et rillettes en souvenir du rituel du cochon.

Pendant la guerre, l'habitude se prit d'élever chez Rose et Joseph, au bout du village, un cochon pour l'année. Un seul, mais un énorme, appelé

Lucullus. Joseph et Rose l'élevaient dans une bauge où il tenait à peine. À Pâques, on le tuait et il faisait six mois. Un autre Lucullus prenait sa place. La guerre finie, l'habitude se garda. C'est vers Lucullus X que j'eus le droit d'assister au grand jour du cochon. Amis des bêtes, passez votre chemin !

Cela se déroulait dans la cour minuscule de la maison paysanne de Joseph, devant le pressoir. Yvonne présidait la grande cérémonie. Tout le monde se taisait. Par les pattes de devant, Joseph saisissait l'animal frais lavé et le dressait debout en le tenant par les oreilles. Surpris, le cochon couinait. Très concentrée, ma grand-mère chrétienne, en grand tablier bleu, s'agenouillait et lui piquait le cou à l'endroit de l'aorte. Le sang giclait, le porc criait. Quand Yvonne se relevait, elle avait une suée au-dessus des lèvres et des taches rouges sur les mains. À ses pieds, Rose tenait la bassine pour recueillir le flot jaillissant pendant que Lucullus continuait à crier. De gros cris rauques, interminables et saccadés.

Le sang dans la bassine exige un traitement immédiat. On y verse estragon, laurier, thym, oignons hachés, poivre, sel, et on touille. Vite, Joseph éventre le cochon et le vilain travail se fait en toute hâte. Mettre les tripes pleines à plat sur une table en bois et en sortir la merde en poussant une raclette, rincer, aplatir, rincer, aplatir et ainsi de suite. Nourri de lard, le sang mijote sur le feu. Il reste à poser l'entonnoir sur l'intestin lavé, à y verser délicatement le sang, à nouer les boudins, à s'essuyer le front. Et d'un.

Ensuite, on a le temps. Les cuisses du cochon sont taillées en jambons, enveloppés dans l'étamine blanche, suspendus sous la cheminée pour fumage. Côtes, filets, foie, se découpent pour consommation immédiate. Épaules en salaison. Je fus souvent chargée des rillons et rillettes. Rillons, petits morceaux de cochon, rillettes, chair de cochon effilée dissoute dans sa graisse, et les deux, cuits huit heures environ en chaudron. Les rillons cuisent à peu près seuls ; les rillettes aiment à être bien tournées. Au bout de quatre heures, j'étais odeur de porc, graisse transparente, âme cochonne, le front en sueur, le cœur au bord des lèvres, pas question d'arrêter avant l'heure, fondez, rillettes ! On tourne.

Au coucher du soleil, le jour du cochon s'achevait. Boudins, andouilles, jambons, salaisons, viande fraîche, tout était à sa place. On éteignait les feux, on mettait en bocaux. Le saindoux figeait avec lenteur. Que restait-il de Lucullus ? Les soies avaient été soigneusement taillées, les oreilles, cuites à part. Tout sert dans le cochon, même les pieds. Nous lucullâmes ainsi jusqu'aux années

1960, et puis, Yvonne vieillissant, la bauge resta vide. J'en eus de grands regrets, je me demande pourquoi. Les longues heures passées à la cuisine, l'affairement collectif, la hâte nécessaire, dépeçage, nettoyage, salaisons et bocaux, toute cette économie en un jour, oui, c'était essentiel et vital. Le soir venu, chacun était fourbu, mais heureux d'avoir accumulé tant de stocks. La fatigue des vendanges n'a pas le même goût : une fois les raisins cueillis, commence une genèse de longue haleine. Mais un seul jour suffisait au cochon.

Rien ne correspondait aux règles sanitaires dans la charcuterie familiale. Principe de précaution, listeria, tu parles ! Les premiers Lucullus furent des cochons de guerre, époque où la seule précaution consistait à manger, et donner à manger. C'était une grande affaire, celle de la subsistance. Il y avait du sacré dans cette opération. Les interdits ? Quels interdits ?

Je me souviens qu'un soir de cochon, ma plus vieille amie, qui s'appelle Myriam, rêvait à mes côtés au bord du fleuve. Nous avions tripoté du cochon tout le jour et nous étions remplies de graisse et de bonheur.

— Je voudrais, dit Myriam, poser la tête sur le ventre d'une femme enceinte. Écouter la vie qui germe à l'intérieur...

Je ne retrouvai ce genre de sentiments qu'en

1990, au fin fond du Bhoutan, dans un monastère tibétain où les moines cuisinaient du cochon dans un chaudron énorme à trois mille mètres d'altitude. Les grands masques funèbres dansaient dans la cour, les musiciens chantaient et jouaient du hautbois et nous autres, au balcon, nous mangions Lucullus. Abominable aux papilles, l'oreille bouillie au riz rouge m'attendrit. C'était gras, c'était fade, le riz, vaguement sucré, et l'oreille avait gardé ses poils sur la peau cuite. Le cochon est sauvegarde quand on n'a rien d'autre sous la dent, que le temps est glacial, brumeux, couvert de neige.

Le porc est un bon animal de compagnie ; et je rêve du festin qu'on trouve dans l'œuvre de Pétrone, au long cours du *Satyricon*. C'est à Rome sous Néron ; pour traiter Pétrone, arbitre des élégances et favori de l'empereur, le dandy Lucullus, personnage à qui nos cochons durent leur appellation, apprêta un banquet fastueux et colossal. Il fit servir un cochon entier, énorme, et tout rôti ; rien de rare à l'époque des Romains. Mais imaginez qu'on le fende au couteau et qu'en sortent des cailles vivantes, qui s'envolent... Vivantes, dans un rôti ? C'est de la sorcellerie. Un millénaire plus tard, pour filmer le cochon servi chez Lucullus, authentique héros des grands festins romains, Federico Fellini se contenta, pour son *Fellini Satyricon*, d'une truie rôtie qui, brutalement fendue, dégoulinait de cailles, mais déjà cuites. Dommage. Sait-on l'idée qu'avait en tête Pétrone avec son porc farci d'oiseaux vivants ? Le phénix.

Né dans l'esprit des anciens Égyptiens, l'oiseau d'immortalité servit de symbole à tout. Assimilé aux aigles romaines sur les étendards des légions, au Christ ressuscité, aux empereurs, aux dieux, le phénix fascinait doublement : un, il ne mourait pas ; deux, il n'avait pas de parents. Riche idée ! Mais une fois vieilli, le phénix avait besoin de se régénérer. La légende est superbe. Pour s'auto-engendrer, le vieil oiseau allume son bûcher funèbre en frottant les ailes l'une contre l'autre jusqu'à faire surgir une étincelle. Il brûle. Dans ses cendres restent des étrons de cannelle. C'est à partir de ces excréments parfumés que le phénix se mettra à renaître, comme on le voit dans *Harry Potter et la Chambre du secret*. De quoi procurer de la joie à trois générations de psychanalystes en fricotant les cendres, l'excrément, l'absence de mère, le fils qui est son père, bref, le toutim. L'auto-engendrement attire comme un aimant. Voilà pourquoi le Romain Lucullus proposait à ses invités un rébus culinaire : devinez qui voilà ? Cochon rôti + cailles qui s'envolent d'un corps mort = phénix, éternité.

Songer au cochon comme phénix, quelle affaire ! Un jour, j'essaierai. Du jambon-colibri, ou du boudin-mésange.

L'économie ménagère recèle ces trésors d'invention. À force d'avoir fait des conserves de guerre, Yvonne en garda l'habitude. Quand s'arrêta la généalogie des Lucullus, restaient les bocaux de verre fourrés jusqu'à ras bord de cerises, haricots verts, tomates, cornichons. Ils n'ont pas entièrement disparu. Et nous avons gardé les antiques pots de confitures faites de la main d'Yvonne, cristallisées depuis des décennies. Pas pour les manger, non ! Mais en souvenir. Ses vieux bocaux veillent sur nos confitures, objets de controverses. Faut-il utiliser le sucre gélifié ? Oui, il prend vite, mais trop ; en quelques mois, la moisissure germe sur les fruits cuits. Alors, le sucre simple ? Mais quel temps de cuisson ? Disputes de théologie confiturière au-dessus du chaudron, les hommes surtout, l'ami Gérard, principalement. Moi, pendant qu'on discute, je lèche l'écume qu'on ôte à la surface des vagues d'abricots. Celle-là, pas d'histoires ! À consommer d'urgence.

Dans les moments de crises politiques, quand la guerre se réveille et menace, il m'arrive de planifier la maison en autosubsistance : ici, serait le poulailler, là, le clapier ; en hiver, au printemps, les bocaux serviraient ; en été, à l'automne, les légumes plantés. Lucullus le cochon renaîtrait de ses cendres, ma foi, oui, ça irait. Je n'ose pas en parler, on me rirait au nez. Mais on ne sait jamais.

C'est comme les bocaux : une conserve d'enfance en cas de guerre.

Hormis l'économie de subsistance, la maison aime le bien-manger. Yvonne y veilla toute sa vie, léguant l'amour de la cuisine en héritage, suffisamment pour qu'une de ses arrière-petites-filles choisisse d'en faire son métier. Pour apprendre la cuisine aux autres, elle avait des façons cavalières, elle n'expliquait pas, elle donnait à faire. La première fois qu'Yvonne me mit aux fourneaux, elle m'apprit à flamber. Des langoustines, je crois. Tortiller la feuille de *Courrier de l'Ouest*, verser l'eau-de-vie, enflammer le bout du papier journal et, vite, le plonger dans l'appareil sur le feu. Trop lentement, l'alcool ne flambe pas ; trop vite, il enflamme la poêle qu'il faut retirer à la hâte, comment l'éteindre ? À ce jeu, on cloque le plafond. Mais quand on réussit, quelle joie ! Forêt bleue... Les flammèches voltigent et puis s'éteignent. Il n'y a presque pas d'odeur d'alcool. Flamber lèche.

Ma grand-mère juive, qui adorait le jeu, aimait flamber ; et ma grand-mère chrétienne, qui aimait cuisiner, savait très bien flamber. Jouer avec le feu est un double héritage, tragique d'un côté, joyeux de l'autre.

Parce qu'elle fit longtemps la cuisine dans l'âtre, cuisant la soupe sur le feu, ou mitonnant le lièvre frais saigné en lui arrachant un œil, Rose n'était pas gourmande. À peine si elle flirtait avec les sucreries, goût profond des âmes religieuses. Dans sa poche, les bonbons n'étaient pas tous pour elle, mais pour les donner aux enfants, car il faut sucrer le goût des petits. L'orgueil du travail fait, ce n'était pas son genre. Voler le temps pour bavarder, raconter, écouter, papoter dans les coins en lorgnant de côté Yvonne, histoire de vérifier qu'elle ne voyait rien de ces méfaits, tel était le plaisir de Rose.

Elles avaient toutes deux la peau blanche comme le lait. Je me souviens de la beauté extrême des jambes de ma grand-mère Yvonne vers ses quatre-vingts ans : quand elle faisait sa toilette, elle aimait me montrer ses parfaites guibolles, lisses comme de l'albâtre, sa fierté. Celles de Rose en revanche avaient beaucoup souffert : les travaux des champs, cela flanque des varices et les jambes de Rose avaient des bleus partout. L'une et l'autre avaient sur les soins du visage un dogme strict, d'un modernisme issu du siècle précédent : jamais de soleil sur la peau, jamais de fond de teint, simplement de la poudre et un peu de rouge à lèvres. Elles avaient de la dilection pour les parfums, préférant les essences de Guerlain à toute autre, et fidèles à *L'Heure Bleue* toutes deux.

Leur triomphe commun était le défilé des voitures fleuries le jour de la vente de charité. Dans les années 1950, la vente de charité fit partie de ces institutions qui, à cause du climat d'après-guerre, cimentaient un peu le corps social, au même titre que la fête de *l'Huma*, en son genre. Je croyais détester la vente de charité, mais quand je fus chargée de quelques stands à la fête de *l'Huma*, j'en retrouvai l'esprit sans trop d'étonnement. Même type de logistique, même débrouillardise, même bénévolat, seules les idées changent et les produits en vente. Merguez à la place de napperons brodés.

Rose et Yvonne adoraient le mot, la chose, son esprit. Rose, parce qu'elle aimait tripoter les dentelles, Yvonne, parce qu'elle brodait superbement. Donc, Rose disposait les broderies d'Yvonne sur un drap blanc orné de fleurs, dissimulant des tréteaux et une planche. Au nom du bien public et de sa foi chrétienne, Yvonne mettait en vente mouchoirs, porte-serviettes, nappes immenses. C'était un jour à chapeaux, à bijoux. La vente se tenait sous les frondaisons d'une maison voisine, sous d'immenses érables ; on marchait sur du gravier crissant. Les maris y buvaient, les épouses, pas trop. Le curé s'y saoulait, les enfants s'ennuyaient. C'était la fête des dames.

À la fin de la matinée, sous un soleil féroce, midi sonnait l'heure du défilé des voitures fleuries, grande attraction sur le bord de la Loire. Les « voitures » en question étaient les poussettes et landaus où les familles déposaient leurs marmots après avoir tressé, sur les roues et guidons, des guirlandes de fleurs, reines-marguerites, pétunias ou zinnias. Yvonne et Rose étaient à leur affaire : fleurs, enfants et fête, fameuse trilogie.

Il n'y a plus de ventes de charité, plus de défilés de voitures fleuries. Plus aucun tralala. Pfft ! Disparu dans les années 1960.

Décorer une poussette est un travail de chien. Il faut couper les tiges à bonne longueur, les courber sans les casser, les tordre autour des éléments métalliques, passer la fleur pour l'installer en ébouriffant les pétales, pour un rien, la tige se brise, et tout est à refaire. Deux heures pour un landau est un petit minimum ; et lorsqu'on a fini, les pétunias ont baissé le museau. « Je vous l'avais bien dit, les pétunias ne sont pas les bonnes fleurs », grondait Yvonne. « Zut à la fin ! Madame m'excusera, mais je trouve ça joli », répondait Rose.

En fleurs, Yvonne était la reine incontestée. Ses façades fleuries de rosiers, ses massifs de dahlias, ses sauges alignées et entourées de buis, ses géraniums-lierres dégringolant des fenêtres, lui valurent, un jour, d'être jurée au comice agricole du canton, section des fleurs ; elle m'emmena. Majestueuse, elle passa dédaigneusement devant les étals de carottes aux fanes déjà flétries, et se concentra sur les seaux où s'entassaient des paquets de fleurs. Fronçant le nez devant un dahlia trop ouvert, elle opta pour une reine-marguerite violet foncé et un pétunia rose shocking rayé blanc. Ensuite, il y eut le banquet des notables, heures interminables préfigurant, à mon insu, les centaines de dîners officiels que j'ai passés, ensuite, en ambassade. « Vous avez des enfants ? » dit le voisin de droite. « Et ils font des études ? Vous avez un hobby ? Ah bon ? Vous écrivez ? Votre journal, alors ? »

Mais Yvonne ignorait superbement l'ennui.

Yvonne et Rose n'avaient presque pas de secrets l'une pour l'autre ; puis, l'âge aidant, elles n'en eurent plus pour moi. Yvonne m'apprit la cuisine et le point de tige, Rose, elle, m'enseigna mousselines et dentelles, repassage de plis religieuse, le tuyauté qu'elle avait pratiqué, enfant, dans son orphelinat. Tout cela sur le mode chuchoté, ces mystères n'ayant pas à s'ébruiter. Elles aimaient à brouiller les pistes : Yvonne la patronne était la ménagère en tablier, et Rose, l'excentrique, était une élégante.

Yvonne avait été une grande jeune fille élancée, la taille droite et, très tôt, l'allure impérieuse d'une divinité grecque. La mode du début du siècle l'y aida : bandeaux sur les oreilles, épaules basses, hanches larges, et de souples fourreaux façon tunique. Belle, incontestablement. Sur les photographies, Yvonne ne sourit pas. Austère, la dame. Cela ne signifie rien. Un jour, à sa fenêtre...

La fenêtre de sa chambre, aujourd'hui la mienne, donne sur la route qui nous sépare du fleuve. Départementale en vert sur les cartes Michelin, parcours pittoresque, panorama. Sur la façade, court un rosier géant, fleuri en mai, remontant tout l'été. De la fenêtre, on voit le fleuve, les canards, les aigrettes, les hérons. Dans les années 1930, Yvonne flânait à sa fenêtre entourée de roses rouges quand passa un homme à cheval qui ôta son chapeau, la salua et lui lança ces mots « Rose parmi les roses ! ».

Rose, ce n'était pas elle, c'était l'alter ego. Mais ce jour-là, pour la belle au dos droit, Yvonne fut la rose entre toutes. Quand elle en parlait, elle avait des émois. Le cavalier étant aristocrate dans une région où cela compte encore, les émois d'Yvonne voulaient dire à ses petits-enfants qu'elle avait été belle, suffisamment pour ravir le cœur d'un nobliau. Peut-être aussi le souvenir d'un jour où elle avait flâné, elle qui courait toujours.

Yvonne nous raconta cette histoire cœur battant jusqu'à son dernier souffle.

En 1943, sur son trente et un pour le mariage de mon oncle, elle est en long tulle bleu, sublime, coiffée d'un extravagant bibi aux violettes qu'elle avait dû penser convenir à une belle-mère. « Képi-pompon », comme elle aimait à dire. Léger empâtement du cou, presque rien. Cette beauté sévère à la belle bouche prit, avec le temps, de l'ampleur, mais la tête jamais ne se baissa. Le menton rond devint double, puis triple ; Yvonne s'habilla de sarraus aux fleurs bleues comme ses yeux, accordés à la neige des cheveux. Dans les années 1950, elle eut droit à la malédiction qui frappait les femmes de son temps : la Dame Ménopause, fléau catalogué auquel aucune femme digne de ce nom n'avait à cette époque le droit d'échapper. Elle devint difficile, au dire de l'entourage ; je ne m'en souviens pas.

Passé cette mauvaise période, Yvonne trôna en majesté. Elle aimait sincèrement les travaux d'aiguille, à quoi personne ne l'obligeait et qui furent sa part de création. Ce n'était pas une tricoteuse, mais une brodeuse de génie. Une fois épuisées les fleurs du jardin, Yvonne broda le vieux puits, les façades, le colombier, sur des porte-serviettes découpés dans des restes de drap. Rien ne la dépeint mieux que la figure de Madame de Bel-Air dans *Bécassine* : poitrine et taille enfouies sous le ventre élargi, col fermé en haut, manches longues, mains blanches qu'elle frottait au citron tous les jours. Droite comme un i, le souffle court, la grande Madame Yvonne se tenait « comme il faut ».

Ses échappées n'en étaient que plus gaies. Il faut dire qu'elle s'échappait souvent. Au sortir de la guerre, la radio fit beaucoup pour la reconstruction du pays et Yvonne adora « Reine d'un jour », une émission de Jean Nohain, qui couronnait une lauréate en lui offrant les nouvelles merveilles que la paix retrouvée apportait aux foyers : presse-purée, fer électrique, réfrigérateur. Consommatrice exemplaire, Yvonne se prit de curiosité pour les commodités modernes dont aucune ne manqua dans la maison. La première machine à laver le linge fut un événement, suivie par le premier lave-vaisselle, tout petit, mais qui brisait un tabou immémorial. L'électroménager allait avec les chansons : le fer électrique date de « Cerisiers roses et pommiers blancs », le réfrigérateur de « Ma cabane au Canada », et, quand vinrent les yé-yé, Yvonne était passée à la télévision.

Fan de rugby, Yvonne suivait les grands gaillards sur le petit écran, les joues chauffées par ces jeunes gens « qui font le crabe ensemble ». Elle nous sidéra en criant un soir « Penalty !« devant le poste et, justement, c'était vrai. Elle n'avait pas son pareil pour pouffer, à croire le mot inventé tout exprès pour ces moments bénis où elle pouvait, retenant l'air en serrant bien les lèvres, émettre un prout gamin quand on était salace devant elle.

Tout le monde connaissait les rires rentrés d'Yvonne, ses airs scandalisés, et tout le monde disait des salaceries. Vers la fin de sa vie, elle me subtilisa un roman de Bodard qui se passait en Chine, *La Vallée des roses*, dont le titre innocent dissimulait quelques obscénités asiatiques assez crues. Elle refusa de me le rendre et le lut, ponctuant ses découvertes d'exclamations ravies.

Yvonne était terrestre à se damner. Gourmande, coquette, ma première moitié de fée fut celle de l'accroche à la vie.

Yvonne était la patronne de Rose, qui l'appelait « Madame » comme on dit « ma chérie ». Toutes deux étaient de ferventes catholiques. Classique, Yvonne avait la foi portée sur l'ordinaire du rite, mais Rose, qui entra secrètement dans ce tiers ordre laïque qu'on appelle « tertiaire », avait volontiers des allures mystiques. Yvonne aimait aller à l'église le dimanche et caler son grand corps sur son banc, à sa place ; elle priait de bonne foi, sans chichis. Pour Rose, c'est différent. Elle aurait eu par-ci par-là des illuminations chipées au rituel, je n'en serais pas autrement étonnée. Petite et fine, toute en nerfs, sujette aux hémorragies, aux syncopes, Rose était de nature extatique. Il y avait en Rose quelque chose de Mathilde de La Mole, exaltée, romantique, éternellement jeune. C'est pourquoi son mari, Joseph, l'aima. Il était son contraire : érudit, fertile en récits gaillards de vignerons, bon pêcheur, bon chasseur, large, franc comme l'or, amoureux de sa frêle orpheline.

Née dans la bourgeoisie aisée, Rose avait eu pour grand-père un musicien, chef d'orchestre à Saumur, qui donnait des leçons aux jeunes filles. De son père, on ne parlait pas. Sa mère mourut très tôt. À la suite de catastrophes familiales, elle passa presque toutes ses jeunes années à l'orphelinat de Saumur. Dure enfance. Casser l'eau bénite gelée en hiver pour se signer, raccommoder les aubes, servir de figurante pour les enterrements, tout ça n'était pas drôle. La seule joie de Rose petite fille était dans les bouquets, à disposer sur les autels et même, grand bonheur, à coudre sur un drap pour la Fête-Dieu. Mais elle vécut en ville et, en bonne citadine, y prit un certain goût pour le vêtement.

Quand ils se rencontrèrent, Joseph tomba amoureux du charme fluet de Rose, qui s'éprit de sa solidité. Trapu et massif, Joseph portait ce large béret noir qui sert aux caricatures du Français réac, baguette de pain sous le bras, mais, sur lui, le béret avait une allure XVIe siècle, sans rien d'étriqué. Quand je soulevais le béret de Joseph – privilège très rare – le sommet du crâne était indécent de nudité, d'une extrême blancheur, avec de petits frisons gris sur les tempes et il n'aimait pas ça, Joseph. Son béret paysan, c'était lui. « Finis donc ! » disait-il, fâché. Il parlait une langue magnifique, une langue des pays de Loire dont on disait à l'époque qu'elle était le conservatoire du français. Pas une seule élision, pas une faute de grammaire, un vocabulaire considérable et des jurons choisis.

Le village et la ville, en eux, se complétaient ; de l'Anjou des campagnes, Joseph était la vivante mémoire, tandis que, de Saumur, Rose avait gardé le chic des bourgeois, surtout quand ils séjournent, en ville de garnison au contact des nobles de province. Pour ses noces, Rose en robe droite portait une couronne de fleurs d'oranger bien posée sur le front, une sorte de bandeau qui la rendait romaine : *Ubi Gaïus, Gaïa*, semble-t-elle dire au photographe, « Où sera l'époux, je serai, moi, l'épouse. »

Fut dit, fut fait. Passé le mariage, Rose enfila des tabliers, gardant les élégances pour les cérémonies. Elle chaussa des lunettes sur le bleu de ses yeux, et tira son chignon. Leur couple, il est vrai, n'était pas ordinaire, mais charmant, traversé de colères épiques des deux côtés. Rose ne raffolait pas des travaux des champs. Mais elle aimait son grand roc et, pour lui, se coltina le tabac, la traite des vaches, les lapins angoras, les têtes d'oignon, le vin, le civet, la matelote, le marcassin rôti au feu de bois.

J'étais leur apprentie, je me coltinais presque tout, mais Rose prenait grand soin de ne pas fatiguer sa chérie. Joseph aurait préféré que la gosse de riches connaisse un peu la vie, bernique ! Rose y mettait bon ordre, va-t'en pas tirer l'eau au puits, tu vas te tordre le dos. Résultat, des bêtises. Un matin, je pris une colombe dans le colombier, et je serrai poétiquement l'oiseau contre mon cœur. Molestée, la colombe fienta sur mon corsage ; Joseph suffoqua de rire. Un jour, je revins fièrement avec une brassée de tiges d'angélique sauvage cueillies sur le talus. Pas de chance ! L'angélique était du panais ; excellente racine pour le bouillon du pot-au-feu, mais feuilles vésicantes qui font, sur la peau, des cloques. Ayant plongé le nez sur les branches de panais, j'en eus le nez cloqué durablement. « Ça fait des études et ça ne connaît pas la botanique ! » s'esclaffa Joseph.

Pas une fois, Joseph ne chercha à m'épargner. Les feuilles de tabac, on les pique pour les enfiler sur de longs fils, où elles sèchent : vertiges, migraines, l'odeur entête. Le lapin angora s'épluche sur les genoux, à pleines touffes qu'on arrache à la main, qu'on pose dans un carton : allergies, éternuements. Les têtes d'oignon piquent les yeux. Les vendanges tirent sur les reins. Pour moi, c'était facile, un mois ou deux par an. Mais pour elle, ma Rose, tous les jours mal aux reins, mal au dos, yeux qui piquent.

Lorsque Joseph mourut, Rose avait déjà pris en location une petite épicerie du genre fourre-tout, où elle vendait avec délices à ses pratiques en papotant à cœur joie. Devenue veuve, elle ne toucha plus jamais les feuilles de tabac et, pour se consoler, elle chanta à perdre haleine dans la chorale du coin, qui la fit voyager. Sa voix était sucrée, vibrante, fiévreuse. Et puis elle ne vit plus les partitions.

Yvonne, qui se portait plutôt bien pour son âge, avait de l'emphysème ; mais elle souffrait encore bien davantage de la mort prématurée de son fils aîné, mon père, trois ans auparavant. Elle était à la maison quand elle reçut le coup de téléphone et elle s'est assise à sa fenêtre, pesante, souffle coupé. Incapable de faire autre chose que regarder l'eau qui coulait devant elle sans prononcer un mot. Pas une plainte, pas un gémissement.

Hormis les années de guerre, Yvonne avait vécu sa vie en alternance, les beaux jours sur la Loire et l'hiver à Paris. Plongée dans un deuil invisible, elle manqua de clarté et voulut s'installer près du fleuve pour de bon. Tous les jours, Rose venait pour la partie de Scrabble, à laquelle elle jouait en inventant des mots, et, pour rectifier, Yvonne empoignait le dictionnaire avec une féroce autorité. « Là ! Quand je vous disais qu'allaitage n'existe pas ! Neuf points de moins, Rose. – Flûte et reflûte ! Que Madame me passe le dictionnaire, je voudrais voir. » Le Scrabble ! Un jeu à dégoûter les écrivains des mots.

Yvonne et Rose vécurent assez longtemps pour voir l'Orient extrême et la Perse surgir dans la maison : mon cousin Jean-Marie épousa Safoura, fille d'Iran, et Agnès, ma cousine, épousa Hiroyuki, fils du Japon. Cela leur plut énormément. Elles avaient bien changé, ces Françaises profondes. Il est vrai qu'entre-temps, la France aussi. Avec les années 1970, la bourgeoisie se mit à voyager, et l'inimaginable arriva. Vers la fin de sa vie, Yvonne prit l'avion pour aller au Maroc, grande aventure qui ne lui fit pas d'effet ; et Rose prit des trains pour suivre sa chorale de ville en ville. Nous autres de la maison, nous étions fourrés dans tous les coins du monde et elles, émerveillées, récoltaient les cadeaux, d'Europe, de Téhéran, de l'Inde, du Japon, de Chine, des États-Unis... Rien ne les épatait. C'était normal, en somme. Je me demande si mes petits-enfants me rapporteront des cadeaux de la planète Mars.

Choisir de vivre au bord d'un fleuve quand on a de l'emphysème n'est pas très raisonnable, mais, à plus de quatre-vingts ans, Yvonne avait envie de repos dans les murs où elle avait si souvent séjourné sans y vivre. Mal soigné, l'emphysème empira et, bientôt, Yvonne ne respira plus. Il fallut l'hospitaliser. En femme déterminée, Yvonne partit pour l'hôpital d'Angers en avertissant Rose qu'elle reviendrait les pieds devant. Personne n'y croyait. L'hôpital pour un emphysème n'aurait aujourd'hui pas grand-chose d'inquiétant. Mais pas à cette époque... J'ai encore dans l'oreille les délicats propos de l'interne me disant qu'on se contenterait de médecine fonctionnelle.

Fonctionnelle ? Elle était dans un lit beaucoup trop court pour elle, parfaitement lucide, m'ordonnant de lui passer au doigt, dans son cercueil, l'alliance de ses noces de diamant. Fonctionnelle, cette mort ? On la laissa crever comme un chien. C'étaient des temps français abominables. Yvonne eut une attaque et revint chez elle les pieds devant.

Sur le lit de la morgue, sa haute et grande figure était un peu meurtrie par un bleu incongru sur le coin de la lèvre. Elle qui aimait tant l'ordre ! Elle n'était pas coiffée, bref, ce n'était plus elle, excepté ses longues mains. Rose en grande tenue pleurait les larmes de son corps devant Madame morte, qu'elle n'aurait jamais cru voir ça de son vivant. Je ne sais pas pleurer devant les corps aimés, et je l'ai embrassée à la place du bleu.

Rose survécut longtemps à Yvonne. Quitter sa maison pour une maison de retraite est un déchirement qui arrache les vieux à l'ordre de leurs affaires rangées couci-couça, aux photos placées sur le mur, à l'antique réfrigérateur qui ne ferme pas, au fourneau qui brûle, mais Rose n'y voyait plus, et se trompait dans les médicaments. Le terrible, ce sont les autres, les vieux qui déambulent, l'air hagard. Une fois installée dans la maison de retraite, Rose eut un choc, puis se reconstitua, dans sa chambre, un univers. Elle allait à la messe, dans la chapelle, en bas. Puis, un jour, elle se contenta de regarder la messe à la télé.

Son esprit s'embrouilla. Elle passa par d'innocents délires de lutins qui semaient des œufs sur sa chaise ; bien soignée, elle retrouvait sa tête, puis la reperdait. Les derniers mois, seuls ses yeux bleus vivaient. On appelle ça s'éteindre et la chandelle de Rose tenait fort à la vie, si petite fût-elle. Comme Yvonne, elle vécut plus longtemps que son fils, Jacques, dont elle ne sut pas qu'il était mort. Yvonne, la solide, ne lutta pas ; mais la fragile Rose combattit jusqu'au bout.

Portraits chinois. Si c'était une fleur ? Yvonne, un glaïeul ; et Rose, une passiflore. Si c'était un moyen de locomotion ? Yvonne, une calèche ; Rose, un vélo. Si c'était un meuble ? Yvonne, une armoire campagnarde ; et Rose, une psyché. Une pierre précieuse ? Yvonne, une aigue-marine ; Rose, une améthyste. Et si c'était un arbre ? Yvonne, un peuplier ; et Rose, un bouleau. Oui, mais Yvonne n'en était pas moins pâquerette, patins, méridienne, saphir ; et Rose, lilas double, limousine, diamant. Elles reposent sous les mêmes cyprès.

Le terrible secret que cachait la maison

À CETTE HEURE en automne, le ciel éteint ses roses, fanées parce que c'est la Toussaint ; la première crue du fleuve apporte des tas d'écume. Comme le jour était beau, les oiseaux s'en sont donné à cœur joie, allez, les canards, en triangle de parade, on avance on se tourne, demi-tour, ainsi de suite. De la héronnière, personne n'était de sortie aujourd'hui, ni les jeunes hérons cendrés ni les adultes. Cormorans, oies sauvages, aigrettes, goélands, disparus sous des cieux meilleurs. Restent, fidèles au poste, les mouettes à queue noire, le derrière dans l'eau, dérivant immobiles vers l'église. Ma maison, qui a vu passer tant de siècles, se prépare à la nuit ; c'est son meilleur moment.

Elle est venue au monde en 1678, à l'époque où son petit village sur les bords des vignobles de Loire était l'un des gros ports fluviaux entre

Angers et Saumur, acheminant les vins jusqu'à Nantes. Une famille de nobles catholiques, les Van Voorn, persécutés dans leur pays natal, les Flandres protestantes, vint y chercher refuge et bâtit la maison. Ce n'était pas leur demeure personnelle, non, c'étaient simplement les communs. Propriété voisine, le logis des Van Voorn est un élégant manoir pour les maîtres, tourelles et fenêtres à meneaux.

Quelques années plus tard, ils ajoutèrent une tour carrée coiffée d'un chapeau d'allure asiatique, si bien qu'on voit aujourd'hui cette extravagance, une architecture flamande du genre pagode en pierres de tuffeau blanc et ardoises bleues. Au fronton de cette haute construction, les Van Voorn ont laissé une date, 1684, et leurs armoiries sculptées dans le tuffeau : pour des négociants en vins, un tonneau et un tire-bouchon. Trois étages avec escalier d'ardoise en colimaçon débouchent sur un jardin qui domine la Loire. Les guetteurs de bateaux avaient la meilleure part : ornée d'une cheminée à carreaux de Delft, la tour était peinte à fresque en son entier.

Bateliers déchargeant les tonneaux sur le port, danses des villageoises aux larges jupes rayées, musiciens soufflant dans des cornemuses, clochers, églises, bateaux, gabares, s'écaillent. Les fresques sont mourantes et c'est un désespoir. Consultées, les autorités patrimoniales se déclarent impuissantes. Aucun expert pour les soigner. Personne pour sauver du désastre ces visages dont les traits s'effacent, ces habits dont les couleurs pâlissent. Entrer dans cette pièce au sommet de la tour, c'est voir disparaître trois siècles de peinture.

Dans l'une des caves des remparts se trouve une inscription – ou plutôt, s'y trouvait : A. Van Voorn. Le salpêtre s'y est mis, l'inscription devint poudre, et, deux siècles plus tard, ne restaient, l'an dernier, que sept lettres du nom qui s'y grava : A. VAN VOO... Sept lettres creusées d'une main ferme, au burin, avec des traits bien droits, pour ne pas s'effacer. À Louxor en Égypte, un air sec les aurait conservées. Mais, sur la Loire, le nom propriétaire crève d'humidité.

Il y a quelques mois, mon oncle a ouvert la porte pour vérifier l'inscription. Un léger courant d'air suffit pour faire tomber six lettres d'un seul coup. Ne subsiste plus que le A majuscule, A pour André.

André Van Voorn fut le dernier des Van Voorn en ce lieu.

Le tout premier s'appelait, lui aussi, André. Fils d'Adrien et Catherine, née Dabye, il épouse Renée, fille d'un marchand angevin, et s'établit. Depuis la mi-temps du XVIIe siècle, ces Flamands vécurent ici, s'y marièrent avec des filles du cru, et y firent leur métier, négociants en vins blancs de coteaux, expédiés par bateau jusqu'à Saint-Nazaire ou Juigné. Ensuite, le blanc de coteaux cheminait soit en Hollande, soit vers les îles, ce pour quoi ce vin très doux portait aussi le nom de « vin pour la mer ».

C'est cela, le secret. Nous l'avons découvert il y a moins de dix ans. Les îles étaient Antilles ; le commerce, négrier.

La construction de la tour, 1684, date d'un an avant l'affreux Code noir, manuel de discipline pour esclaves nègres édicté par Colbert en 1685. Déclarés « meubles », les esclaves. Article 28 : « Déclarons les esclaves ne pouvoir rien avoir qui ne soit à leur maître. » Article 16 : « Défendons [...] aux esclaves appartenant à différents maîtres de s'attrouper le jour ou la nuit, [...] à peine de punition corporelle qui ne pourra être moindre que du fouet et de la fleur de lis. » Article 1 : « ... enjoignons à tous nos officiers de chasser hors de nos îles les juifs qui y ont établi leur résidence... » Une fois le pays purifié, on pourra s'attaquer aux nègres.

Découvrir le passé négrier d'une maison qu'on aime est un choc. On a beau ne pas être responsable des ancêtres, encore moins quand ce ne sont pas les siens, on n'aime pas savoir *ça*. Mais on n'étouffe pas le vrai quand il sort des archives. Dans la génération qui suivit l'établissement d'André Van Voorn le Premier, on marie les filles à des armateurs émigrés et établis à Nantes, les Deubroucq, les Martens, à la pleine époque du commerce triangulaire. Adrien Van Voorn, frère d'André le Deuxième, exerçait sur les quais de Nantes une profession dénuée d'ambiguïté : « marchand de pacotille ».

Pacotille ? Le mot n'a qu'une seule définition. Ce sont les perles de verre vénitiennes, cornalines venues des mines d'Allemagne, ambre de la Baltique, bijoux bon marché, cauris, ces petits coquillages ovales et blancs qui servirent longtemps de monnaie en Afrique. Pacotille, c'est avec ça qu'on achetait les esclaves au marché de Ouidah dans l'actuel Bénin, sur les rives du golfe de Guinée, avant de les empiler dans les soutes pour les transporter aux Antilles, d'où on reviendra, esclaves vendus, avec du sucre, du café, du tabac. En un temps où les droits de l'homme n'étaient pas formulés, en un temps incapable de les imaginer, c'était un métier noble et qui enrichissait. Adrien, frère d'André le Deuxième, fit fortune, puis mourut sans enfants, ruiné.

Le commerce des esclaves est en effet risqué. Adrien Van Voorn connut deux faillites. Un bateau abîmé ne revint pas des colonies, un autre fut dévasté par une révolte noire. La première faillite lui coûta 437 885 livres, la seconde, 199 000 livres et je ne peux m'empêcher, en écrivant ces chiffres, d'éprouver de la satisfaction. Car on a beau se raisonner, avoir l'esprit d'histoire, et bien savoir qu'au fond il est anachronique de reprocher à un Flamand émigré du XVIIIe siècle d'avoir pratiqué un métier scandaleux, on est content, quand même, de l'effet de justice immanente.

Par l'un de ces hasards dont elle est coutumière, la vie m'expédia, plus tard, vivre en Afrique. Pas n'importe où. Dans la baie de Dakar et dans une demeure donnant sur l'île de Gorée. Si Gorée ne fut pas le marché central du commerce des esclaves africains, cette île en est devenue le mémorial. Enclavée dans le Sénégal comme un doigt dans un gant, se trouve la Gambie où fut capturé l'ancêtre de l'écrivain africain américain Alex Haley, inoubliable auteur de *Racines*. À l'époque où je vivais au Sénégal, le frère d'Alex Haley fut nommé ambassadeur des États-Unis d'Amérique en Gambie.

Où qu'on pose le pied en Afrique de l'Ouest, on reçoit le choc de l'esclavage. Sauf si l'on est barbare, abruti ou fasciste, on ne peut pas ignorer la capture des esclaves, leur ignoble transport, leur commerce en Afrique, les suicides des mères qui sautaient dans la mer, le fer qui les marque au feu comme du bétail. J'y vivais quand, en France, sur proposition de Christiane Taubira, l'Assemblée nationale, le 10 mai 1998, décida par un vote unanime, que la traite négrière était un crime contre l'humanité. Reconnus, les dommages sont-ils réparés ?

Non. Lorsque les Africains reprochent aux pays blancs d'avoir saigné l'Afrique, ils ont raison. Il ne faut pas le dire, c'est peu diplomatique, source d'ennuis considérables et puis, dites-moi, les Africains n'ont-ils pas contribué, eux-mêmes, à la saignée ? N'ont-ils pas chassé, vendu leurs frères ? Oui. Ils sont bien assez grands pour faire le ménage et d'ailleurs, au Sénégal, au Ghana, c'est fait. Au Ghana, du temps de sa présidence, John Rawlings organisa des cérémonies d'expiation pour la trahison des Africains vendus. Au Sénégal, le clergé tout entier fit de même. En quoi leur repentance publique nous exonère-t-elle ? En rien. J'étouffais tellement que j'écrivis *Afrique esclave*, petit livre consacré à l'île de Gorée.

À peu près en même temps, l'excellente Viviane Manase, conservateur du patrimoine, commençait ses recherches sur la maison, noblement dénommée « comptoir hollandais du Thoureil », et découvrait le pot aux roses.

Donc, pendant que son frère accumulait sa pacotille, André Van Voorn, deuxième du nom, cultivait le vin, construisait une chapelle dans un autre logis, possédait des entrepôts à Saumur, devenait procureur syndic de Saumur. Est-il possible que la maison ait hébergé, par exemple, des esclaves ? Oui. La communauté qu'on appelait « hollandaise » et qui venait des Flandres était étroitement unie dans le commerce du vin et la traite négrière.

Les « Hollandais » étaient partout dans la région : Van Rossum, Van Bredenbec, Van Debelde, Theussen, Deubroucq... Mais le terme de « hollandais » est trompeur. Dès le XIVe siècle, les commerçants arrivent des villes hanséatiques. Ils portent de jolis noms, Frisons, Zélandais, Hanséates. Comme aujourd'hui les Bataves à la Commission européenne, ils sont intraitables en matière de commerce ; d'un libéralisme sauvage qui ne s'est jamais démenti, ils n'hésitent devant aucune opportunité. Techniquement, ils sont forts. Ils introduisent l'eau-de-vie, la barrique comme unité de mesure, ils perfectionnent la vinification, ils organisent les transports, les circuits. S'il faut s'intégrer, pas de difficulté ! Les mariages sont faits pour se créer des racines. Étaient-ils nobles ? À voir. Sur les registres d'état civil, les Van Voorn sont « noble homme » en 1683 ; « marchand » en 1705 ; chevalier de l'ordre du Christ en 1775, mais « bourgeois » en 1790.

Celui qui se voulut « bourgeois », c'est André le Troisième, qui grava sa signature dans la cave. Jusqu'en 1775, il arma des bateaux négriers à

Nantes. Cet André-là, il me semble que je le connais. Ces grands bourgeois de Nantes lisaient les encyclopédistes, avaient l'esprit ouvert et humaniste, et comme tout un chacun, comme vous et moi, ne voyaient pas la tache aveugle, les Noirs martyrisés. Il s'en trouva même pour baptiser leurs bateaux négriers le *Jean-Jacques* ou le *Contrat-social.* Et comme Rousseau lui-même, dans *Le Contrat social*, ne souffle pas un mot de l'esclavage des nègres, les négriers humanistes ne se représentaient pas le péché qu'ils commettaient au nom du commerce libéral.

C'est pourquoi ils épousèrent la Révolution française avec ferveur.

Le dernier des André du XVIIIe siècle qui habita la maison fut député du tiers état pour la sénéchaussée de Saumur, et commandant de la Garde nationale dans le canton de Saint-Georges-des-Sept-Voies. Tel fut André, dernier des Van Voorn dans la maison, un authentique bourgeois patriote. Que lui arriva-t-il ensuite ? Il traverse les temps difficiles. Il n'est pas guillotiné, il ne s'engage pas chez les chouans. Marie-Joséphine, sa fille, épouse un employé aux octrois de Brissac et cède le comptoir hollandais à un marinier en 1809.

André avait un frère intéressant. André-Julien, qui avait été clerc, tonsuré en 1777, s'enrôla volontairement dans l'armée en 1793. Le rejeton des négociants viticoles et négriers « hollandais » devint un soldat de l'an II.

Est-ce un roman ? La tentation est grande. Imaginer la révolte des Noirs sur le navire négrier d'Adrien, son désespoir, sa mort sans enfants au pied de son lit, décrire les foucades du soldat de l'an II qui va de la prêtrise à Valmy, suivre le cheminement d'André, son engagement dans la Révolution, le début de la chouannerie à quelques lieues de là, reconstituer ses tourments, ses espoirs, vivre ses gloires et son déclin, le destin des esclaves vivant dans la maison, oui, c'est un roman. Manquent les amours.

De quoi Louis tomba-t-il amoureux ?

LE TEMPS EST ORAGEUX. Les hirondelles volent au ras des eaux et, sur les grèves, les hérons pourprés traquent le poisson. Arrimée au milieu du fleuve, une barque porte son pêcheur immobile abrité du soleil sous un parapluie. Un unique bateau noir pour un fleuve qui, jadis, était l'autoroute des gabares.

Avec l'apparition du chemin de fer, la navigation fluviale s'est rapidement essoufflée, sur la Loire comme sur la Garonne. Le port des négociants en vins s'est transformé en petit village viticole ; puis, le XXe siècle ayant fait son travail, les viticulteurs avaient presque cédé la place aux vacanciers.

Cela a pris du temps, environ cinquante ans, mais en termes de classes et de société, la bourgeoisie des villes l'emporta haut la main en ses résidences secondaires, au grand dam des vrais habitants du village. Ils avaient bien raison de n'être pas contents. Vivant pendant la période des vacances scolaires, le village se mourait l'hiver. Jusqu'aux années 1970, sa structure était rudimentaire : une longue rue sur le fleuve, trois ruelles perpendiculaires et, tout près de l'église, une route montant vers les hauteurs. Puis un lotissement apporta de l'air frais en peuplant une colline de nouveaux habitants et de maisons toutes neuves. Depuis quinze ans, les nouvelles habitudes citadines attirèrent des urbains qui travaillent à Angers ou Paris, mais retournent dormir au village, comme Monique, rurbaine et psychanalyste de son état. En dix ans, le village est passé de trois cents à trois cent soixante âmes. Il est sauvé.

Boursier de la République, fils de charcutier parisien, Louis, mon grand-père paternel, n'était pas de naissance destiné à se retrouver propriétaire. Mais il fut studieux à l'école, premier au lycée, brillant à *Physique et Chimie*, et puis vint la trouvaille. Louis inventa, à partir du coton, un procédé transformant la cellulose en solide pellicule, découverte d'où découlèrent deux conséquences majeures.

En premier lieu, les films qui s'enflammaient tout seuls en torches destructrices devinrent ininflammables ; c'est alors que Charles Pathé, fils de charcutier lui aussi, s'empara de cette invention ; et d'un.

Puis l'aviation s'en saisit pour peindre les corps de ses avions, et de deux.

Je ne peux regarder les premières scènes de *La Grande Illusion* sans songer à mon grand-père Louis. Sous l'œil des caméras de Jean Renoir, derrière Jean Gabin et Erich von Stroheim en vestes d'aviateurs en cuir fourré de laine, il y a, sur les ailes de leurs coucous guerriers, la peinture pour avions qu'il inventa.

En 1931, Louis, sorti de rien, possédait la moitié d'une usine, une Hotchkiss, un chauffeur. Pour sa femme et ses fils, il voulut une maison.

Louis tomba amoureux, comme tout le monde ici. Quand on voit la maison, on a plusieurs raisons pour un coup de foudre. On peut s'éprendre, au choix :

— Du fleuve sous les fenêtres, « ct'iau qui coule » emportant les mouettes, les troncs, les tas d'écume, les noyés, les skieurs nautiques, les canoës, gabares, futreaux, barques noires et voiliers.

— De la vue infinie s'étendant sur la droite, large comme le Nil, vaste comme le Gange et bleue comme le Niger, jaune comme l'Amazone, emblème de tous les fleuves, Loire éternelle bordée de peupliers et de saules vert amande.

— De l'alliance éclatante entre pierre et

ardoise, le tuffeau, blanc et or, l'ardoise, violet et bleu, et des fleurs qui les couvrent en été.

— Des trois tilleuls depuis trois siècles alignés, si vieux que leurs troncs abritent des champignons.

— Du sable rose qui dévore les eaux.

— Du sommeil délicieux, profond, emmitouflé de fleuve.

— Des vins de coteaux, rose, blanc, sec, sucré, clairet, ou rouge sang de bœuf.

— Du bruit étouffé des trains la nuit sur l'autre rive, signe de beau temps pour le lendemain.

— De la paix qui instille ses semences dans l'air, le plus léger, le plus haut.

— Du silence.

Duquel de ces charmes Louis s'éprit-il ? À en juger au nombre d'aquarelles qu'il peignit sur le tard au crayon de couleur Caran d'Ache soigneusement repassé au pinceau et à l'eau, Louis tomba amoureux de la vue infinie s'étendant sur la droite.

Personne parmi sa descendance directe n'échappe à la peinture. Sable rose, vue de Loire, bords de fleuve, pierres dorées, toits d'ardoise, et les fleurs, tout est bon à peindre, et tout le monde peint. Seul, ou bien à deux, même à trois quelquefois ; entre cousins, frère et sœur, enfants, on compare. « Ton ciel est mieux que le mien » – « Mais tes toits sont plus réussis ! » – « Comment fais-tu les bignonias ? » *Et cœtera*. Vous n'allez pas parler de hasard, tout de même !

Elle, la maison, s'amuse. Qu'elle soit un joli piège pour peintres du dimanche, il y a beau temps qu'elle le sait.

Jusqu'à sa mort, Louis peignit la maison. Sa hanche était bloquée, il avait une canne, ses doigts tremblaient un peu, mais pas ses crayons de couleur. Il peignait la maison comme Yvonne la brodait, dans l'émerveillement d'être resté en vie pendant la guerre. Il faisait apparaître les pierres dans un enchevêtrement de feuillage et de fleurs tout à la fois précis et flou, un ensemble de taches minuscules piquées à la pointe du crayon, et délayées ensuite pour créer le jardin. Il peignit jusqu'à l'épuisement, sur des carrés de papier, des bouts de carnet, tous les jours que Dieu fait.

Quand il mourut, ses fils et ses petits-enfants avaient déjà tâté de l'aquarelle. Étrangement, il y en eut toujours pour se défiler. « Oh moi, je ne sais pas peindre, je ne suis pas doué. » La maison ne l'entend pas de cette oreille. Elle attend, elle guette. À la première épreuve d'amour, hop ! Elle se jette sur l'affligé et le prend dans ses bras, viens là, petit, petite, que je te console... Va peindre ! Bon gré mal gré, les réticents se découvrent une irrésistible envie de couleurs. Michel, mon fils, en a fait son métier, mais ce choix s'est étrangement retourné : tout le monde fait de l'aquarelle, sauf lui. Pour la Loire, il préfère la gouache et le pastel. N'importe ! pense la maison. Tant qu'il y a de la couleur, ça me va.

La maison gagne toujours. On lui doit bien cela.

Les Van Voorn avaient déjà ce goût, assez pour y installer un trumeau à l'huile, avec une fille en manteau de soie grise ouvert sur jupon rose ; et pour faire peindre leur tour carrée à fresque. Telle était la maison quand mon grand-père décida d'en faire sa demeure. Tout le reste est mystère. Je préfère lui laisser cette ombre qu'elle préserve.

Nous y vivons à la façon des singes. Répartis au petit bonheur, nous avons investi la maison librement et en bande. Dans la famille, chaque branche occupe un corps de bâtiment, de sorte que nous formons un hameau. Nous sommes séparés par deux cours et quelques escaliers. En singes bien élevés, nous passons notre temps à nous éparpiller pour mieux nous réunir. Traverser la pelouse est un voyage immense pour quémander du pain, des œufs ou du sel. « T'aurais pas un peu de beurre ? On a oublié d'en acheter. » Forcément, on s'emprunte des vaisselles. « Dis donc, où est passée la bassine à confitures ? Tu ne l'aurais pas rangée chez toi ? » Mais c'est pratique, d'avoir des maisons en réserve. Nous avons tellement pris l'habitude d'escompter les bienfaits des autres qu'un jour, c'est certain, tous les garde-manger seront vides. Disette générale.

Au matin, les premiers levés guettent le réveil des autres, car la règle exige une totale liberté. Pas d'horaires. Pour les entretiens entre adultes, plusieurs voies sont possibles : le rendez-vous fixé la veille au soir, demain au coin de la terrasse à cinq heures ; le fortuit, soigneusement calculé pour ne pas déranger ; enfin, le parapet, endroit béni où tout le monde se retrouve chaque soir, lorsque le crépuscule dore les grèves en été sur le fleuve. Après le couvre-feu, les lumières s'éteignent dans un complet désordre.

Malgré les remontrances d'Yvonne – « Ne va pas te coucher encore à point d'heure ! » – ma lumière n'est jamais éteinte avant trois heures du matin, et c'est donc moi, la nuit, qui veille sur la bande des singes. À quelques pas de chez nous, il y a encore nous, et nous encore, empilés selon les générations. À chaque époque et en toute saison, on y trouvera un couple totémique, des adultes, des ados, des jeunes filles, des enfants qui courent dans le jardin.

Évidemment, cela fait du monde. Mais on y est seul comme nulle part ailleurs. Les bâtiments s'ordonnent sur le bord de la Loire, et il y a, au centre, la Maison. Elle vit encore très bien. Rapetassée de mille et une façons, elle forme une entité invisible, dont les plus vieilles pierres remontent, oh mon Dieu, à quand ?

Il y a les archives et il y a le mythe. Les archives attestent les dates de la construction flamande, qui ne souffrent pas le moindre doute. Bon. Mais selon le mythe, la maison aurait été conçue à l'époque où se dressait sur la colline un château, dont elle aurait constitué les « communs ». Malheureusement, ne restent ni plans ni archives, à peine quelques caves à flanc de coteau. Qu'on ait renforcé le talus, qu'on l'ait fortifié, bien sûr : sinon, le terrain glisse, adieu les murs ! Et comme les renforts sont vieux, ils créent l'illusion. On les appela « remparts ».

Qui dit remparts dit château. Du château peuvent sortir la reine et la fée dont les bouches débordent de crapauds ou de perles, cachés sous la dalle à l'ombre de la croix, derrière le manteau de la cheminée qui... Je l'ai suffisamment cherché, ce château ! Il n'y a plus rien.

Sauf peut-être la tour. Les archives nous disent qu'elle servait de guet pour l'arrivée des bateaux. Cela tombe sous le sens, mais le goût du conte est si puissant !

La tour aurait été l'entrée de ce château. « D'ailleurs, voyez », disions-nous avec conviction aux visiteurs de passage, « on distingue un grand arc en pierre, dessiné au-dessus de la porte. C'était pour les chevaux, si, si ! Par là, ils pénétraient sur un pan incliné qui grimpait jusqu'à... »

On ne voit pas du tout où auraient pu sortir les malheureux chevaux entrés sous une grande arche totalement de traviole. Souvent, je les ai rêvés avec leurs cavaliers, en bande dessinée et façon Lucky Luke, cliticlop, cliticlop, les sabots glissent sur les pavés, et les bêtes, grimpant sur le pan incliné, disparaissent dans l'obscurité.

Au fond de l'arche, l'Enfer les happe. Où ça ? Sous la colline. Dans les entrailles du tuffeau, entre champignons et flammes d'eau-de-vie.

Les grandes enjambées

PREMIÈRE-NÉE de ma génération, je n'ai pas souffert d'être une fille. En matière d'éducation, l'esprit de Louis imprègne la maison. Quand on est humain, on travaille. Idéalement, on découvre et, pour le plaisir, on peint. Même si Louis, répétant les ragots des labos de la rue d'Ulm, disait pis que pendre de Marie Curie qu'il avait croisée en chemin – l'accusant d'avoir poussé Pierre Curie vers la mort –, la trouée était faite. Personne ne m'a empêchée de faire des études, personne n'a voulu me clouer au foyer. Il fut d'emblée admis que, comme ma mère, je gagnerais ma vie. Sur ce point, maman la vaillante était intraitable : le salaire, disait-elle, c'est la garantie de la liberté des femmes. Fonctionnaire, disait-elle, c'est mieux. En se renseignant auprès des pratiques qui fréquentaient sa pharmacie, elle apprit l'existence d'une école dite normale et supérieure. Elle mit tout en œuvre et l'affaire se fit. C'était un commencement de XXe siècle dans une famille où, généralement, les femmes avaient renoncé à travailler.

Je n'ai connu qu'une seule dissension : la famille ayant décidé que je serais professeur de lettres se trouva déconfite quand j'optai pour la philosophie. Pour ces êtres de physique, chimie et pharmacie, les lettres, passe encore, mais la philosophie, pour une fille, non. Qu'est-ce que c'était, d'ailleurs, cette chose-là ?

C'était une graine moderne, mais on ne s'en doutait pas. Pour une fille dans les années 1960, la philosophie relevait du même genre d'extravagance que les couettes des yé-yé, les Sylvie, les Sheila. La maison discuta un été, puis se tut. On se rattraperait avec les trois garçons, mon frère unique et mes cousins, graines d'élite. Quand ils se marieraient, on arriverait bien à susciter une femme au foyer à l'ancienne ; l'aîné de mes cousins s'étant marié très vite, sa femme Françoise occupe si bien cette place qu'elle donne à réfléchir sur l'épouse au travail. Quant à la dernière en filiation directe, la petite Agnès qui ferma le ban de ma génération, on en ferait une scientifique, on ne s'en laisserait pas conter.

Pour ce qui la concerne, l'affaire faillit marcher :

elle devint astronome – c'était comme convenu – mais bifurqua styliste avec son mari, à la pointe de la modernité. Dans la famille, elle fut la première à gagner sa vie avec de l'art. À la génération suivante, les artistes sont installés : Cécile, metteur en scène de théâtre, Elsa, art-thérapeute, Marianne, metteur en scène d'opéra, Michel, illustrateur et peintre.

Devant cette invasion des barbares artistiques, la maison a engendré un médecin, une pharmacienne, une psychiatre – c'est plus prudent. Il y a vingt et un ans, elle s'est offert un diplomate – c'est utile. Récemment, elle a eu une idée formidable : elle a suscité une chef cuisinière, Judith, première du genre. C'est dire que la maison a bien diversifié sa petite entreprise. L'esprit de Louis devrait être content. Ce grand semeur d'élites a légué des valeurs archaïques que la gauche oublieuse réprouve sans réfléchir : quand on est humain, on travaille. L'affaissement dépressif y est autorisé, les crises amoureuses, tout ce que l'on voudra, tout, sauf la paresse. Le jour du retour, la maison vous endort. On est si bien ! La maison autorise, disons, quarante-huit heures. Au bout de ce délai, l'esprit de Louis revient. On travaille ; idéalement, on découvre et, pour le plaisir, on peint.

Ce goût pour les élites, nous le tenons de Louis.

De ses années de collège ont survécu des dessins de géométrie au compas, absolument parfaits, d'une grande harmonie. Ils n'ont l'air de rien, ces dessins d'écolier. Et pourtant, ils illustrent le fameux ascenseur social, celui qui est en panne, vous savez, personne ne sait plus comment le faire marcher. Boursier de la République, Louis nous a montré le chemin des élites, grande fierté familiale. Oui, fierté ! Tant qu'on passe des concours nationaux aux écrits garantis par l'anonymat, on est dans l'égalité républicaine.

La maison fabrique toujours de l'ingénieur. Mon oncle Pierre le fut à la suite de son père, puis son aîné. Chaque été, la maison résonne des résultats des concours qu'on annonce en se relayant par les escaliers – « Ça y est, il les a ! – Qui ? – Mitsou ! Normale sup et les Mines ! » C'est toujours en juillet, au moment le plus chaud. Mais ça ne garantit rien. Concours, cochons, couvées, le choix de l'art attend au coin du bois. S'agissant de fabrication des élites, la maison est peuplée de déserteurs.

Il faut voir comment elle s'est laissé séduire par la musique. La musique ! Cela ne lui disait trop rien. La maison toléra qu'après la Libération Pierre, son cadet, joue du jazz au piano. Passe encore. Dans les années 1950, j'ai gratté la guitare.

Je me souviens avoir découvert Louis pendant que je chantais « Gare au gorille », planqué derrière la porte, appuyé sur sa canne, rouge de rire. La friponnerie chez sa petite-fille, ça devait l'enchanter. Mais la musique, non.

C'est sur Jean-Marie, deuxième de mes cousins, que s'est concentrée la musique, passion à laquelle il a voué sa vie. Dans le civil, il a fait son devoir, il est normalien scientifique, généticien au CNRS, mais il a fait entrer la musique dans la maison. Je sais quand il arrive, car, aussitôt, le piano se met à musiquer. Il me dit que Jean-Marie est là, avec Schubert, Schumann, Brahms, Verdi, ses amis. Les enfants, c'est connu, savent réaliser les désirs des parents. Jean-Marie a tant désiré devenir musicien que sa fille unique met en scène l'opéra.

C'est avec lui que j'ai découvert l'opéra, dont il chantonne les airs avec du sentiment, ou bien de la malice quand il s'agit de *Falstaff*. Quand il était adolescent, après une virée à Bayreuth, nous avons ensemble conçu un gigantesque jeu de l'oie consacré à *La Tétralogie* de Wagner ; les cases y sont Walhallah, rocher entouré de feu, forêt enchantée, grotte à dragon Faffner, mines de Nibelungen, et les cartes, des épées, heaumes, lances ou casques. Minutieusement peint et vernis, le jeu est au grenier et le brevet, libre de droits.

Le grenier regorge de nos trouvailles. Paravents

farceurs, berceaux bricolés, collages, résidus d'inventions archaïques, bizarre musée. Et les dessins de nus que mon père, cet artiste, fit à l'atelier de la Grande Chaumière où, parfois, il m'emmenait pour mon éducation. La maison garde tout.

Le signe le plus clair de son entrée dans les temps modernes concerne l'intensité de ses activités. À compter de 1960, j'ai toujours vu le jardin arpenté à grandes enjambées par les garçons en short portant des cannes à pêche, des raquettes, des vélos, des rames, des skis nautiques. Dans l'univers que la maison avait connu replié par la guerre, les garçons apportèrent une agitation collective, presque toujours en bande, presque toujours sportive. Au tennis, au voilier, à la course, s'ajouta dans les années 1970 une folie aérienne.

Mon oncle Pierre étant un pilote expérimenté, on fit du planeur, de l'avion, de l'aquapente. Mais Pierre avait le goût de la peinture, où il se distingua en utilisant les crayons de pastel. Avec la poudre de craie, il représenta des avions et encore des avions jusqu'au jour où il s'avisa qu'il y avait bien plus beau qu'un avion.

La montgolfière. Pierre fit collection de peintures anciennes, d'assiettes, de bouquins, de pendules, de gravures, il devint spécialiste, il écrivit un livre, et il la pratiqua. Brusquement, l'été, la maison devenait folle de son ballon. Les portes claquaient, les garçons couraient, la voiture ronronnait, tout le monde sur le pont ! L'activité commençait comme la foudre, comme si un clairon invisible sonnait le rassemblement. Personne ne disait « On y va ? », et tout le monde se mettait en branle. Sur le pas de la porte, Yvonne, interloquée : « Mais qu'est-ce qui se passe ? »

Avant que le ballon flotte au-dessus des eaux, il y en avait pour deux bonnes heures. Yvonne rentrait.

Le monstre est flasque à terre. Pour le gonfler, il faut un feu tonitruant et qui souffle assez pour développer la mamelle gracieusement suspendue dans les airs. Et quand elle s'envolait, quelqu'un de la maison devait rouler derrière elle en voiture, en s'efforçant de deviner dans quel champ, quelle clairière, sur quelle route elle allait s'affaisser, pour ramasser les astronautes et replier le tout. Il y avait les terriens, il y avait les célestes ; autant que je m'en souvienne, les terriens étaient souvent terriennes.

Pierre a eu trois enfants, deux fils, une fille. Jean-Pierre, l'aîné, est né pendant la guerre, prématuré de deux mois. En 1944, pas de couveuse en vue, pas de service de réanimation. Comment faire ? Yvonne ne se démonta pas. Elle installa le nouveau-né dans une boîte à chaussures, bien au chaud dans la ouate. Aujourd'hui, Jean-Pierre, ce géant, ne se déplace qu'avec un petit avion, qu'il pilote lui-même, évidemment.

La troisième génération a beaucoup évolué. Fini le temps des mâles célestes. Il y a toujours de grandes enjambées qui traversent la cour avec, au bout des bras, les rames, les cannes à pêche, les skis, les raquettes, mais il y a autant de filles que de garçons. Les filles pilote d'avion, sauteuse en parachute, lutteuse de karaté, chef cuisinier, travaillant en Syrie quand c'était dangereux, les filles en voilier, à vélo, au tennis, à la pêche, en auto, sur des skis nautiques.

Moi, rien.

Sur un voilier, je me ramasse la bôme dans les lunettes, au tennis, comme je suis gauchère, je m'emmêle, j'ai horreur du vélo, j'abomine la pêche, à skis nautiques, je ne sombre pas mais je ne tiens pas debout, et je ne suis jamais montée en montgolfière. À ce signe, je reconnais mon âge. Le sport que je pratique suscite l'indifférence familiale : il n'est pas collectif, je l'ai appris en Inde, il est acrobatique et il est décalé. Le yoga est un sport que l'on fait en secret.

Pendant la guerre, j'étais la seule enfant de la maison. Mes compagnons de jeu étaient ceux du village, mais je ne jouais pas beaucoup. À la place, je lisais. Pour des raisons évidentes, on ne me laissait pas baguenauder dans les champs. Et je suis fort perplexe quand je regarde une photographie représentant une noce d'enfants. 1944 ? 1945 ? C'était un jeu d'adultes. Vêtus de costumes régionaux, les enfants sont massés sur les marches de l'église autour des mariés, lui en queue-de-pie, elle en robe blanche avec du tulle bouffant sur les boucles. Est-ce vraiment moi, cette petite fille en mariée blonde ? Mes copains s'en souviennent comme si c'était d'hier.

Sur la photographie, je crois identifier Georges, et, il y a quelques jours, nous étions au cimetière tous les deux. Membre du conseil municipal, Georges est chargé de l'attribution des concessions funéraires et j'en ai choisi une, pour l'avenir, car celle de la famille est déjà bien remplie. On papote très bien au cimetière, nous avons l'habitude, et Georges est un ami. C'était un après-midi très doux sous les cyprès et je pensais à la photographie, à ces anciens enfants qui s'apprêtent à vieillir, qui prévoient de mourir et qui parlent des tombes sous un soleil d'été.

Situé sur le coteau, le cimetière surplombe le village. C'est un cimetière fluvial comme l'autre était marin : on voit de haut. Voici dix ans, il a fallu l'agrandir. Ainsi, le destin du village n'est pas de disparaître, puisque les vivants viennent s'y établir, y mourir, et y naître. Les cyprès sont touffus, l'air y est vif, les tombes, pas trop en ordre ; herbes folles bienvenues. De temps à autre, comme partout ailleurs, on fait de la place. C'est une sorte de cuisine, terre et mort mélangés. Il plaît à la Loire de veiller sur le cycle des âmes, comme le Gange en Inde.

Après la guerre vint le temps des cousines – il faut bien que cette petite apprenne à jouer, quand même ! Babette, ma préférée, partageait avec moi le vaste dortoir avec les lits bateaux couverts de couettes en satinette rouge. Babette, très à l'aise, et moi, terrifiée. Le jeu consistait à se percher sur la rampe du petit escalier qui conduit à la première terrasse, et de là, à sauter dans les couettes, de proche en proche. Même de ça, j'avais peur. Je suis irréductible aux loisirs et aux jeux. Pour me mettre en branle, il faut de la fiction.

Mon père hérita d'une vieille dame dont il prit soin. Elle lui légua des malles remplies de vêtements élégants, certains datant du siècle précédent. Veuve d'un médecin parisien habitant derrière Saint-Sulpice, visiblement très lancée dans le monde, Mme Peignon a dû cesser de les porter à la fin de la Grande Guerre, de sorte que ces hardes sont mortes jusqu'aux années 1950, période où elles ressuscitèrent.

Entre cousins-cousines on a tout essayé, tout

porté. Les boas de plumes noires, les capes à ruchés, les robes de Poiret, les déshabillés à franges, les corsets, les hauts-de-forme, l'habit de mon grand-père Gornick qui aimait tant les casinos, la capote militaire de mon père sortie de sa cantine de 1940. On a confectionné un album de photos avec un texte d'accompagnement tricotant une intrigue amoureuse nouée sous les buissons d'aucubas du Japon.

Aucuba. Cela ne s'invente pas, un nom pareil. Par surcroît, l'aucuba est toxique, ses fleurs insignifiantes sont toxiques, ses feuilles à pois blancs, toxiques, ses baies rouges, toxiques. L'arbuste le plus stupide qu'on ait pu inventer, qui faisait se lever les imprécations comme perdrix aux champs, « Va te laver les mains ! Tu as tripoté l'aucuba ! ». L'aucuba est petit et nous étions petits. Planqués dans ses feuilles, le nez à ras des baies, les enfants déguisés en amants clandestins respiraient l'odeur empoisonnée qui devait, selon le scénario, les suicider sous l'œil du mari jaloux. Mais ça ne marchait pas. On toussait trop.

À cause de la poussière. En sortant des malles, les vêtements dégageaient une poussière un peu grasse, résultat du travail des mites – qui n'avaient pas encore tout dévoré. On ne prenait pas le temps d'épousseter les hardes. On se contentait de secouer les insectes. Yvonne trouvait ça « sale ».

Maison mère

Les vêtements n'étaient pas sales, ils étaient juste anciens. Sans leur poussière de temps, ils n'auraient pas été propices au déguisement. Il fallait avoir sur la peau l'infime grattement de la soie vieillie, soupçonner la vermine délicieuse, et jouir de la saleté comme on jouit d'un livre.

Nous avons eu la chance de trouver au grenier ces malles remplies de vieux vêtements intacts. Ils ont un peu souffert quand nous étions ados, ils ont perdu en chemin des boutons, des dentelles, mais quand on les déplie, ils ne vont pas trop mal. Il leur reste suffisamment de galons et de plumes pour trois générations de cousins. Il m'arrive d'en porter à Paris, car chez moi, c'est un tic, j'aime avoir l'air toujours un peu déguisé. Si cela se trouve, c'est à cause de la noce des enfants, où je suis en mariée sur les marches de l'église à la fin de la guerre.

Les temps modernes, bilan

CONFORMÉMENT aux suites désastreuses du remembrement des années 1950, du dépeuplement des campagnes, du réchauffement climatique, des articles 45617 et 68530 de la Constitution européenne et du principe de précaution, la maison a vu son univers changer.

Ont disparu

1) Les petits commerces, aujourd'hui appelés « de proximité », qui donnaient son ossature au village, surtout pendant la guerre. Notamment :

1.1. Une boulangerie, tenue par une belle boulangère digne du casting d'un film de Téchiné, façon *Souvenirs d'en France* : très grande, très belle, très brune, roulant à vélo avec robe fleurie, courageuse, résistante. Visage carré, œil sombre, voix de stentor roulant les *r*, comme on les roulait autrefois à la cour du Roi.

1.2. Deux épiceries, dont les portes dotées de clochettes ouvraient sur l'empire du Tout-et-Rien, bobines de fil, café, thé, riz et sucre, ampoules électriques, sel et poivre, bâtons de vanille, bouillon Kub, bocaux à confitures, papier huilé, aiguilles à tricoter, pelotes, coton à repriser, roudoudou.

Pour en trouver l'équivalent, il faut aller sur les marchés d'Afrique où l'on vend deux piments, une paire de chaussures, de vieilles ampoules, trois perles et, en petites crottes rondes un peu sèches, du concentré de tomate au détail.

1.3. Les commerces ambulants qui passaient tous les jours, boucher le mercredi, poissonnier le vendredi, tripier le mardi, en klaxonnant très fort. Le jeudi, reste une camionnette poissonnière à laquelle on devrait décerner une médaille du patrimoine immatériel, pour son klaxon d'époque.

2) La petite école privée où l'on m'avait inscrite pendant la guerre.

Située au bout d'un raidillon à ronces, c'était une bâtisse de trois pièces ouvrant sur une petite cour d'école où trônait un tilleul rassurant. L'institutrice, qui n'était plus toute jeune, portait un nom feuillu, Mlle Fougère. Je me souviens de son haleine pieuse, tracassée par les soucis de l'époque. Il paraît que j'appris à lire toute seule à quatre ans et, comme je ne connais rien au calcul mental, j'imagine que Mlle Fougère m'apprit l'écriture. C'est dire si son souvenir m'est précieux ! L'école disparut dans les années 1960. Un temps, des potiers tinrent une boutique dans le vieux bâtiment, puis on ne les vit plus. Un jour, je retrouvai les potiers de ma petite école installés dans un village du Fayoum, en Égypte.

3) Le curé titulaire.

Selon l'usage, le curé était désigné parmi les moines de l'abbaye voisine, avec des messes dominicales régulières. L'officiant de la guerre fut un moine truculent, dont Louis raccompagnait en brouette le corps avachi jusqu'à son monastère quand il avait trop bu. J'ai une dilection pour Emmanuel Kant, seul philosophe qui, à ma connaissance, rentrait chez lui par le même moyen, ivre mort dans les rues de sa ville. Puis l'époque des moines truculents cessa. L'abbaye fut vendue. Plus de moines. L'église du village, étrangement coiffée d'une tour romane militaire, est fermée pour raisons de sécurité, ouverte pour les mariages, baptêmes, enterrements.

4) Les voitures à chevaux, couramment appelées charrettes. Quand il y a des chevaux, ce sont des randonneurs venus des centres équestres, ou des charrettes du tourisme local, nombreuses depuis

que le Val de Loire a été classé patrimoine mondial de l'humanité par l'Unesco.

Il arrive qu'on voie passer une verdine, mais elle n'est pas peuplée par les Gitans.

5) Le cadran solaire en ardoise gravée, juché sur une colonne au milieu des massifs de sauge entourés de buis. Il porte sa devise, « Je compte les heures parmi les fleurs ». Nous avons changé tout cela. Pour ne pas en perdre la mémoire, nous avons accroché le cadran sur les murs de la tour, de sorte qu'il ne sert plus à rien.

Un de ces jours, nous le rétablirons dans ses droits.

6) La cabane couverte de feuilles sèches et de vieilles toiles pour chasser le canard, l'hiver.

Le fleuve étant classé réserve naturelle sur tout le trajet du village, les canards sont tranquilles et la chasse, interdite.

7) Les herbes folles sur les talus, boutons-d'or, coquelicots, marguerites, digitales, bouillons-blancs, véroniques, qui, dès qu'elles apparaissent, sont sauvagement rasées par les travaux publics trois ou quatre fois l'an.

8) Les papillons, si nombreux que mon père m'apprit à en faire collection et à les mettre en boîte en les étiquetant. Amis des bêtes ! Coiffer le bel animal, replier doucement le filet sur les ailes sans les froisser, ouvrir le bocal au cyanure... Bon.

J'arrête. Aucune envie de m'attarder sur les techniques de mise à mort de ces êtres lilliputiens dans le seul but de les collectionner.

En vingt ans, sous l'effet des pesticides, plus rien.

Disparu, le grand machaon aux ailes rayées jaune et noir dont Freud fit le fétiche de la psychanalyse dite « de l'Homme aux loups », et le symbole d'un coït clandestin en levrette par un chaud après-midi d'été, pendant la sieste des parents.

Disparu, le grand paon de jour, coléoptère de velours brique ocellé de bleu roi, merveille au vol pesant et aux ailes si fragiles qu'un brin d'herbe les écorne. Il paraît que les ocelles bleus des papillons « paon de jour » font les gros yeux aux oiseaux et que, par-dessus le marché, ce camouflage est efficace. Les oiseaux en ont peur.

Raréfiés, les minuscules papillons bleu cobalt confondus avec les lavandes en fleur, les citrines éclatantes, famille des piéridés, les grandes et petites tortues.

9) La faune et la flore des berges de la Loire.

9.1. Observation recueillie dans les années 1950, à la lisière des joncs et du sable.

À quatre pas de l'eau s'affolaient les grenouilles par dizaines, gerbe bondissante. À deux pas de l'eau venaient les libellules dans un ordre immuable :

les minuscules d'abord, au corset bleu turquoise, ensuite les moyennes aux ailes irisées, certaines bleu marine, d'autres vertes, d'autres fauves et enfin, les très grosses libellules, ailes transparentes et tête énorme, bombardiers miniatures, si grandes qu'elles n'ont peur de rien. Il y avait dans l'herbe de gros criquets au ventre bombé d'un vert tendre, d'autres avec des ailes plissées, rouges ou bleues, et parfois des mantes religieuses à l'air penché.

Dès qu'on avait les pieds dans l'eau, on voyait frétiller les têtards, glisser une vipère d'eau, une couleuvre. Ablettes en quantité. Descendre au bord du fleuve faisait naître sous les pieds le paradis des animaux.

9.2. Observation recueillie en 2005.

Rien.

Ah ! Si. Une libellule transparente au corps bleu céleste.

Sont apparus

1) Des antennes de télévision, des paraboles, un éclairage municipal éteint à dix heures du soir en hiver et à minuit l'été. Au loin, sur le fleuve, toutes les églises sont éclairées.

2) Des aménagements sur les rives du fleuve, ponton pour les skieurs, rampes d'accès pour bateaux, sentier entretenu sur la rive à travers joncs et plantes aquatiques.

3) Un club nautique, avec voiliers pour les « canetons ».

4) Des hypers, partout. J'en raffole.

5) Des interdictions : se baigner, chasser.

6) Des consignes pour préserver la sterne de Loire, espèce protégée, minuscule éclair blanc-vert dont les fragiles œufs ne résistent pas aux semelles des passants.

7) Des bateaux neufs, tout le temps, magnifiques. Salut à l'inventivité ! Un été, on a vu un radeau tout petit, posé sur trois bidons, agrémenté d'une tente d'où sortaient deux pieds blancs, et surmonté d'un très grand drapeau aux couleurs de la France.

8) Un grand lotissement et de neuves maisons, pierres blanches et toits d'ardoise parce que c'est la loi.

9) Les goélands, les hérons pourprés s'ajoutant aux cendrés et, nouveaux venus du genre cinglé, les cormorans. Les cormorans n'ont pas de plumes imperméables ; quand ils plongent, ils doivent se sécher. Les voir ouvrir en grand leurs ailes immobiles dans une posture rappelant le départ d'une course de fond, coudes levés, cou replié, c'est un délice.

10) Les aigrettes, nouvelles au village, blanchissimes, exotiques, pattes noires. Les grandes lentes, et les petites boulottes qui se perchent dans

les saules, tout en haut, donnant aux berges une allure d'Amazone.

11) Quand il fait chaud, bonheur, les sphinx à tête de mort, immenses papillons de nuit venus d'Afrique et qui butinent les hortensias en frémissant si fortement des ailes qu'on les entend vrombir. Bienvenue, les sphinx !

À ne pas confondre avec le sphinx-colibri, deux centimètres de long. Grand sphinx, dix centimètres. Tout le monde sait que le réchauffement climatique nous a valu l'arrivée des grands sphinx avec leur tête de mort sur le dos.

12) Les bananiers ! Non seulement ils poussent, mais ils nous font des fleurs. On ne désespère pas d'obtenir un jour de vrais régimes. Une seule banane, déjà, ce serait bien.

N'ont pas changé

1) Les palmiers, que les aristocrates de la Restauration plantèrent après les avoir découverts aux îles ou bien, un peu plus tard, pendant la conquête de l'Algérie. En France, comme on ne sait pas trop bien les nettoyer, les palmiers ont le tronc barbu, dépenaillé. J'escompte que le nôtre, une fois grandi, sera conforme au modèle du Sahel, comme ceux de mon jardin au Sénégal : le tronc rasé, propre, sans palmes fanées qui traînent. Un palmier avec une barbe de trois jours, c'est affreux.

2) Le bistrot sur la place de l'Église, et sa pancarte : « Ici, il n'y a pas de bon vin, c'est le... » et pour terminer la phrase, un matou pure gouttière tigré gris et blanc. Explication : dans le patois local, l'expression « c'est le chat » signifie « ce n'est pas vrai ! On se paye votre tête ! ».

En conclure qu'il y a du bon vin au bistrot.

3) Les canards colverts, vieux habitués du site.

4) Les mésanges à tête noire qui nichent dans les tilleuls. Oiseaux voyous, bousculent les autres, brisent à coups de bec la tête des oisillons dans les nids.

5) Les cétoines dorées, scarabées vernissés d'allure égyptienne, amateurs de roses au mois d'août.

6) Le nombre des automobiles, toujours aussi réduit.

La région connaissant des jachères nouvelles, on a vu revenir les pinsons, les rouges-gorges, les chardonnerets élégants, les bergeronnettes, les rouges-queues et même les hirondelles. Les hirondelles sont si curieuses que, parfois, l'une s'égare dans ma chambre pour y tournoyer dans le plus grand silence, trois tours et je repars, excusez, j'étais venue voir.

C'est singulier, un migrateur. On ne sait pas quand il arrive, et si l'on peut pressentir son départ, on n'en connaît pas le détail. Mais la maison dispose d'un bon observatoire. En ouvrant les fenêtres, on entend les canards à partir des nuits d'août, rassemblés en meetings extrêmement animés pour débattre du moment de l'envol. Une nuit, ils se taisent. Le lendemain, ils se mettent en formation et s'exercent. Un matin, ils ne sont plus là.

Bilan mitigé.

Inondations

Avec le fleuve, la maison entretient des rapports ambigus. Dix mètres les séparent.

Ce géant vis-à-vis n'est pas de tout repos : de novembre à avril, l'eau n'est pas loin du bord. Et elle joue, la garce. *Moderato*, elle lèche sans se presser les grèves, qu'elle avale. À la fin de l'automne, elle dévore les buissons. Privés de sable, canards et mouettes se planquent dans les îles ; finies, les raves-parties nocturnes où l'on couine en cadence. Puis, quand vient l'hiver, l'eau monte *allegro*. Normal et sans danger ; pas d'affolement.

En février, on guette les premiers signes, paquets d'écume sale flottant au bord des rives. L'eau les a ramassés en chemin ; ils arrivent, suivis des troncs d'arbres arrachés. Devant l'église, les cantonniers barrent la route, envahie par cinquante centimètres de Loire ; et, de l'autre côté, les prairies se transforment en étangs. Lorsque la rive d'en face disparaît sous le fleuve, quand l'eau rayonne à l'infini, on débarrasse les caves. Plus qu'un mètre cinquante, un mètre, cinquante centimètres...

La voici. Tranquille, étale, boueuse. Parfois, elle grimpe quatre marches et gagne la cuisine. Il lui arrive même de monter bien plus haut. Meubles sur pilotis, rien d'autre à faire, attendre la décrue. Quand l'eau s'en va, elle laisse, avec la boue, l'odeur de vase, vaguement pharmaceutique, vaguement cadavre.

Cela est peu fréquent. Mais cela s'est vu. Par exemple, on a des photographies du village inondé en 1907, avec les barques plates transportant les villageois ; on a même, prodige, des images du village dans les glaces, saisi d'icebergs chaotiques entassés sur la place de l'Église. Si incroyables, ces événements, qu'on en conserve le souvenir comme un trésor, planqué dans la boîte à biscuits pour montrer aux petits-enfants, qui attendent, le cœur battant, la grande inondation. « Tu crois qu'elle va venir, cette année ? »

Longtemps, je me suis dit qu'après tout la maison fut construite inondable, en un temps où ce n'était pas la mer à boire. Non, ce n'était pas la mer à boire, c'était juste la Loire à nettoyer. Mais, renseignements pris, quelle affaire d'État !

Les ingénieurs appellent « grande crue extraordinaire » la situation du fleuve à son plus haut niveau, soit environ six mètres au-dessus de l'étiage habituel, avec un débit de six mille à neuf mille mètres cubes par seconde.

« Quand Loyre et Loyret s'entretiennent, il n'y a pas pays qu'ils ne tiennent » ; entendez que, si la Loire se joint au Loiret, les eaux envahissent la région. Pour commémorer l'événement terrible, on composa des distiques – « L'an mil cinq cens vingt-sept, S'assembla Loire et Loiret » *(sic)* –, ou bien l'on pose des plaques au fronton des demeures. Depuis 1527, toutes les « grandes crues extraordinaires » rompirent les digues. Octobre 1707, juin 1709, novembre 1710, février 1711, mai 1733, décembre 1755, novembre 1790, octobre 1846, juin 1856, septembre 1866...

Depuis, la paix est faite et la Loire nettoyée. Bon. En soixante-cinq années, je l'ai vue quand même envahir par deux fois la maison à un mètre de hauteur au rez-de-chaussée.

Au cours des siècles, la Loire fertilisa les terres, les rendant cultivables après les dépôts d'alluvions : champs de fleurs et primeurs furent les cadeaux des crues. L'eau dépose assez de matériau pour laisser naître des îles, tertres minuscules retenus par les saules, ces arbres qu'on appelle « brouillards », « saulaies » en botanique. Cela commence sur les langues de sable, qu'ailleurs on nomme plages, et qu'ici on nomme grèves. Puisqu'on laisse tranquille le cours du fleuve, les grèves réapparaissent l'été au même endroit, à quelques mètres près – il faut un peu changer, sinon la Loire s'ennuie.

Quand les grèves s'installent, il leur pousse une barbe un peu fragile, un peu jaune, puis drue, bientôt hirsute, assez touffue pour les nids des oiseaux. Enfin, viennent les saulaies, on ne sait pas comment. C'est une promesse d'île, il lui faudra un siècle. Qu'il pleuve un peu trop dru l'été, les grèves fondent, laissant les voiliers orphelins, sans attache. Ces jours-là, seule la barbe surnage, absurde et vert citron.

Les îles existantes ont de grands peupliers et des saules si hauts qu'ils ne méritent plus le nom de « brouillard ». À leur pied, tout un écosystème entretient des loutres et des castors, luttant avec les ragondins pour subsister, et grignotant les troncs, hardi petit, avec entrain. On ne les voit pas construire ni grignoter, mais, quand ils nagent, on voit leurs énormes moustaches et leur allure râblée, ce sont de vrais mastards.

Mais ces écosystèmes si bien fournis ne régulent pas suffisamment le cours du fleuve.

Sur la rive d'en face, qui donne sur la plaine, il a toujours fallu construire des digues. Les Romains, déjà, édifiaient des barrages avec de l'osier, les *aggeres*, nom latin repris par le premier seigneur qui promulgua, en 1160, une charte pour la vallée d'Anjou. C'était Henri Plantagenêt, comte d'Anjou, roi d'Angleterre. Les premières digues sur la Loire furent donc édifiées par un souverain anglais. On les appelait « turcies », entassements de mottes et d'osier tressé reliant les uns aux autres les tertres : quarante-quatre kilomètres tout compris, exactement chez nous, sur le parcours des églises romanes. L'hiver, les turcies protégaient à peu près des eaux. L'été, on marchait ou l'on chevauchait sur le chemin de rive. Il faut imaginer le propriétaire du bateau suivant sa cargaison à cheval sur ce chemin.

Qui, mieux qu'un Hollandais, peut s'occuper de digues ? Bâtisseurs, les Hollandais prirent soin des barriques en même temps que des digues. Et de même qu'à l'époque d'Henri Plantagenêt s'édifièrent des villages sur les levées qui protégeaient les champs, de même, les Hollandais de Loire firent à la fois des digues, des maisons, du commerce.

Imaginez le port, et la Loire navigable. Sur le fleuve défilent les gabares, ces énormes bateaux à fond plat, hérissés de voiles rousses et carrées ; les futreaux, leurs petites sœurs, à voile blanche. À quai, comme les fresques de la tour en témoignent, on décharge les ballots, on charge les barriques. La

Loire est une route fluviale de première importance. Elle a toute sa place, sans entraves.

Lorsque rien ne navigua plus sur la Loire, elle fut occupée par les sables, les îles, les saules et, plus tard, la ferraille des ponts explosés en 1940. Une querelle opposa ceux qui la voulaient domestiquée et ceux qui la voulaient sauvage.

Certes, rien n'est plus beau qu'un coucher de soleil sur les grèves, lissant les saules, dorant le plumage blanc des mouettes, d'accord. C'est ce que je me dis en été. Mais l'hiver...

L'hiver, je préférerais une Loire domestique, avec de bonnes turcies, de braves déchargeoirs, une Loire couverte de bateaux, une Loire comme un Rhône, débarrassée de sa sauvagerie, oui, j'avoue. J'avoue préférer la maison à son fleuve et quand le fleuve entre dans la maison, je maudis la Loire ensauvagée. Serpillières, éponges, seaux de boue, lavages et relavages, astiquages, le carreau, le bois, les joints, les recoins. Avec un peu de chance, c'est fini pour l'année. La dernière limite, c'est la fonte des neiges, mars-avril, ou mai ? Non, il n'y a pas d'eau dans la maison à la saison des roses ! On n'a jamais vu ça. Si ?

Alors, jamais tranquille ?

Jamais. Une maison si près d'un fleuve. C'est comme les remous, ils sont traîtres, eux aussi.

Quand j'étais enfant, il n'y avait pas une seule

année sans noyade. Dans les années 1950, peu de gens savaient nager, il faut dire. Les familles arrivaient le dimanche après un bon repas, dégrafaient les corsages, ôtaient les pantalons, se retrouvaient en caleçon et en culotte. Il faisait si chaud ! On va se tremper les pieds ! Il n'y a presque pas d'eau, c'est sans danger ! On avançait d'un pas, le sol se dérobait.

Sables mouvants, trous gigantesques, de cinquante centimètres d'eau transparente, on passe à six mètres d'eau noire tourbillonnante d'une force incroyable, personne ne peut lutter... Sur la grève, on entendait des cris épouvantables. Les riverains sortaient sur la levée et se précipitaient dans leurs barques.

Trop tard. Les barques tournoyaient un temps sur le fleuve, comme un rassemblement d'oiseaux noirs et puis, dans le plus grand silence, l'une d'elles revenait vers le bord avec son fardeau. Yvonne me chassait dans le jardin d'en haut, « Va cueillir les tomates et plus vite que ça ! ».

Quand je redescendais, le long du parapet, la momie était là, emmaillotée de blanc. La famille si gaie l'instant d'avant se pressait peureusement à l'écart. Plus un cri, plus un mot. Ce silence ! Il m'a fallu longtemps pour comprendre qu'à l'intérieur du drap gisait un corps noyé.

Voilà pourquoi j'ai passé ma vie à entendre dire

du mal de la Loire : Attention, c'est une mauvaise, elle piège, évitez les trous d'eau, ne vous baignez pas juste après le repas, tâtez le sol avant d'avancer et si vous chavirez, laissez-vous porter, faites la planche...

Aujourd'hui, tout le monde sait nager, ou presque. Une pancarte municipale interdit les baignades sous nos fenêtres, là où sont les tourbillons violents. Cela n'empêche pas les anarchistes et les rebelles de se baigner quand même. Mais les pompiers rappliquent à la première alerte et les noyades se font rares, ces temps-ci. Je n'avais plus vu les sinistres momies enveloppées dans les draps d'Yvonne depuis au moins vingt ans.

Mais en 2000, au printemps, une noyée s'échoua.

Ce n'était pas une accidentée de la Loire. Elle s'était jetée du haut du pont, à cinq kilomètres de là, des mois auparavant. Un gosse l'avait trouvée empêtrée dans les saules et les pompiers étaient intervenus. J'ai su qu'il se tramait quelque chose au village, car les gens sont sur le parapet, dans ces cas-là.

La barque revenait, pompiers casqués, médecin ganté de blanc. Elle accosta juste devant la maison, je descendis.

J'ai vu une statue de boue gonflée, massive, bras tendus, énormément pesante – pour la hisser sur le brancard, les hommes eurent bien du mal. Sous le sein dont la boue avait gardé la forme intacte, un pan de soutien-gorge disait la mort. Lui seul. On ne sait pas quoi faire devant un corps de boue, mais on ne peut pas demeurer sans rien faire. J'ai coupé un bouquet de roses foncées et rouges et je les ai confiées aux pompiers pour honorer la morte – « Merci, madame. On pourra les poser après l'autopsie ».

J'y pense avec tendresse, sans trop d'effroi.

Les habitants de la maison aiment jouer avec l'eau comme d'autres avec le feu. Ils ont des voiliers, ils raffolent du vent ; ils font du ski nautique, ils se laissent dériver. Mais ils savent nager, c'est la loi. Ils sont capables de plonger pour sauver leur prochain. Les habitants de la maison ont tous en tête la mort d'un petit cousin dans les années 1920 : l'enfant de trois ans ne se noya pas dans le fleuve, non. Il se noya dans un petit bassin. C'est assez pour imprimer la peur de l'eau. Les habitants de la maison traitent la Loire comme une divinité paisible et féroce à ses heures.

Un fleuve qu'on connaît n'est pas une chose, mais une personne d'un genre singulier. Cette personne n'a ni queue ni tête, mais un corps liquide, avec un squelette de sable, des os pointus au fond, une peau qui frissonne, une pensée sournoise. Cela a des humeurs, des ris et des pleurs, des chansons ; cela a le cafard ou bien la joie au cœur. Cela, selon les cas, vous porte ou vous enfonce. Cela sait héberger les poissons, les serpents, les grenouilles, les écrevisses, les moules d'eau. Cela donne au centuple et reprend, ou attaque. Cela vous fait des vagues, moutons blancs, ou du sable. Et cela s'apprivoise, même les inondations.

Tous les fleuves que j'aime sont des Loires qui débordent. Ceux que j'aime, il est vrai, lui ressemblent.

Lorsque j'ai vu le Nil à Assouan, coup au cœur. Pourtant, ma Loire n'a pas de ces falaises orange, ni ces palmes, ni ce désert autour ; mais c'étaient les felouques, voiles blanches, et le large. En guise de saules gris, j'avais les papyrus, les buissons et une étendue bleue, paisible ; cela suffit.

Lorsque j'ai vu le Gange à Bénarès, coup de foudre. Même largeur, même horizon vide au loin, même sable blond ; un brouillard bleu, une eau rose, des bateaux noirs. Ajoutez un pont de ferraille construit par les Anglais à l'époque coloniale, et vous avez la Loire à Bénarès. Nous n'avons ni bûchers pour brûler nos morts, ni saddhus mal coiffés pour la bonne aventure. Nous n'avons pas non plus de dauphins gangétiques, dont le dos arrondi apparaît quand ils sautent. N'empêche.

J'aurais aimé, sur le sable du Gange, édifier un

bûcher pour mes grands-parents morts gazés ; j'aimerais, si possible, sacrifier à la Loire des fleurs et des bananes, accompagnées d'encens. Sur le conseil d'un ami dogon qui le connaissait bien, pour honorer la mémoire de Dominique-Antoine Grisoni, j'ai sacrifié, comme font les Dogons pour célébrer leurs défunts, sa boisson préférée. J'ai versé du café dans la Loire, sans sucre.

Il faut donner à l'eau ce qu'elle demande. Ma cousine Safoura confie au fleuve les jardins miniatures qu'elle fait pousser pour la fête de Nowrouz, chaque 21 mars. Venue de la période préislamique, cette célébration propre à l'Iran exige qu'on fasse germer du blé, qui doit être assez haut pour le jour du printemps. Treize jours plus tard, le 3 avril, le jardinet de blé fané sera donné à l'eau, pourvu qu'elle soit courante. Ce fut souvent la Seine et c'est parfois la Loire.

Le Niger à Mopti, c'est la Loire, pareillement. Là-bas, l'étendue d'eau se borne avec des peupliers frissonnants, et les barques sont des pirogues. Les hommes qui pilotent sont debout, mais, chez nous, quand on manœuvre une plate à la gaffe, il en va de même. Les hérons cendrés survolent les marais, les aigrettes se posent patte en l'air. Les femmes portent les fardeaux sur la tête, d'un air royal que les Françaises, hélas, n'ont plus, alors qu'elles savaient autrefois porter des cruches, des paniers de sel – voyez *La Laitière de Douarnenez* et *Les Jeunes Paludières* dans les dessins de François-Hippolyte Lalaisse, vers 1840.

J'ai connu de grands fleuves qui ne sont pas des Loires. L'Amazone, mauvaise et violine, est un fleuve sans foi ni loi. La Seine, n'en parlons pas, c'est une rôdeuse, qui s'est laissé circonvenir par la ville. Le Brahmapoutre aux innombrables bras n'est plus un fleuve, mais un delta. Pour être une Loire, il faut de la tranquillité, assortie d'une très légère menace. Il faut avoir l'air d'une grand-mère des fleuves. Il faut posséder l'art du coucher de soleil, qui n'est pas donné à tous les fleuves.

Quand le soleil s'y couche, il prend son temps. Il essuie le rivage, s'y traîne, l'éclaire et s'éteint doucement. Mes Loires savent donner au soleil de la retenue. Rien de sanglant, rien de déchiré, pas de ces nuages dramatiques, aucun effet de manches. La paix de la nuit advient.

Un fleuve, c'est la guerre

TROMPEUSE PAIX.

Lire un fleuve, c'est affronter l'histoire d'un pays, la France, qui, comme Hutus et Tutsis, s'entretua. Normands et Bourguignons, Anglais et Français, catholiques et protestants, chouans blancs et soldats bleus, le fleuve a bu le sang sans distinction.

Lire la Loire, c'est retrouver l'histoire d'un pays, la France, qui fut esclavagiste jusqu'au XIXe siècle, et coloniale ensuite. À partir de la Loire, au mitan de la France, on y voit des palmiers et des têtes de nègres sculptées sur les frontons, on ne sait plus comment ils sont venus, ces ornements lointains, ce parfum d'Atlantique, et cet air d'exotisme venu de Nantes.

Vers Pâques, la Loire redescend. Pour un peu, comme le printemps approche, on ne se méfierait pas, on oublierait les guerres. C'est en avril, quand les saules s'empourprent pendant une semaine avant de virer au vert cinglant. Les eaux retrouvent un peu de bleu, encore assez violent, un bleu mauvaise tête. Un matin, la Loire commence à tirer la langue : sur l'autre rive, une grève de sable est sortie. Les premiers goélands planent en escadrilles, à ras de l'eau sous les giboulées. Au crépuscule, les couchers de soleil diffusent une lumière qui annonce l'été. C'est un printemps agressif, on se dit qu'il va s'épanouir, que la paix sera là.

Pas du tout. Un fleuve, c'est une frontière. Une frontière, c'est la guerre.

Depuis des siècles, le Gange retentit de clameurs des guerres incessantes entre partisans de Vishnou et partisans de Shiva, ascètes armés jusqu'aux dents, convaincus que leur dieu, le seul vrai, est plus puissant que l'autre. Ne parlons pas du Rhin, « ils ne l'auront pas, notre Rhin allemand », la chanson dura trop longtemps. Sur le fleuve Sénégal, les Maures massacrent régulièrement des bergers sénégalais. Guerres civiles, invasions, guerres de Religion, troupeaux contre champs... L'eau est une dispute.

Quand Pétain signa l'armistice, la zone occupée s'arrêtait sur le bord de la Loire : la rive nord était aux Allemands, et la rive sud, à la France – si l'on peut dire. Un fleuve, c'est un vecteur de conflits ;

sinon, pourquoi faire sauter les ponts ? Ils furent tous détruits par l'armée française pour freiner l'avance des Allemands. Une photographie montre des vacanciers d'août 1940 se baignant au lendemain de l'explosion du pont de Gennes, entre les gravats et les herbes. La mère porte les cheveux en rouleaux sur le front ; les enfants jouent. Ce ne fut pas la pire épreuve sur le fleuve.

Certes, nous eûmes un bon compte d'otages fusillés, de résistants traqués, une dizaine de juifs réfugiés dans une ferme à Sainte-Radegonde, et bientôt dénoncés, plus huit cent vingt-quatre juifs raflés, rassemblés à Angers, déportés à Drancy, sous la férule d'un certain Ernst, qui achève, semble-t-il, sa vie en Allemagne tranquillement. Nos clochers, nos maisons, nos préfectures, furent endommagés. C'est beaucoup et c'est peu, au regard des guerres civiles en France.

Car la Loire si retenue, si paisible, a vu longtemps couler des flots de sang. On se battit aux Ponts-de-Cé ; à Saumur, à Cholet, on s'étripa.

Au sud, le Choletais et la Vendée ; au nord, la Mayenne ; à l'ouest, la Bretagne et le pays nantais. Pas la moindre montagne, pas le moindre sommet : bocages, molles collines, plaines et boqueteaux. Rien qui fasse maquis, rien qui appelle le sang. Sauf à ressusciter les Saint-Barthélemy des guerres de Religion, la Révolution aurait pu réussir pacifiquement.

On a peine à le croire et, pourtant, les historiens l'attestent : sur la Loire, la population aima les idées nouvelles. Pour les états généraux, on rédigea les cahiers de doléances avec enthousiasme. Ceux d'Anjou réclamaient la fin des privilèges seigneuriaux et une rémunération correcte pour les curés ; les nobles avaient échoué à préserver leurs droits. Ils furent même parfois attaqués par les paysans, rendus furieux par leur résistance à l'abolition des privilèges, après la nuit du 4 Août.

Bref, jusqu'en 1790, on est patriote dans le pays de Loire. Voilà pourquoi André Van Voorn fut député bourgeois et commandant de la garde nationale : il épousait les idées de son temps.

Le 12 juillet 1790, l'Assemblée constituante adopte la constitution civile du clergé. Désormais, les curés, payés par l'État, seront élus par les citoyens actifs, à l'exception des pauvres. Les prêtres fonctionnaires doivent prêter serment. On n'était pas résolument hostile à la rémunération des prêtres, mais les nouveaux maîtres bourgeois tiraient trop d'avantage de leurs pouvoirs élus. Les gardes nationales particulièrement. Ivres de leurs nouveaux privilèges, leurs commandants, en charge de la protection des « juroux », se heurtent aux femmes, qui protègent les autres, les prêtres réfractaires au serment constitutionnel.

Que fit André Van Voorn ? Céda-t-il aux femmes du village ou, au contraire, fit-il le faraud ?

Avant Valmy, les armées étaient professionnelles. Les mercenaires n'étaient pas citoyens. En 1793, l'Espagne, l'Angleterre et la Hollande entrent en guerre. La Convention décide une levée en masse de trois cent mille hommes, sous huitaine. L'armée républicaine changea la donne : tout le monde au front ! Mais laisser ses enfants partir à la guerre quand on a des vendanges et des moissons en route, c'est vraiment difficile. Et s'il faut, en plus, admettre que le curé du village se soumette à l'État, à Paris, ou bien aille en prison, jeté aux fers par le maire patriote, un riche, un bourgeois, alors rien ne va plus.

Les maisons cachent les prêtres pourchassés et les fils menacés. Bientôt, la région se sent l'âme d'une rebelle. Alors, par frissons, elle se lève. On fait des processions clandestines en pleine nuit où l'on chante des cantiques. De petites troupes qui refusent le tirage au sort pour la conscription attaquent les gendarmes, le sang coule. Les rebelles volent des armes et des canons, et, quand on n'a pas d'armes, on a son couteau et sa hache. La

Vendée militaire, organisée en armée de nobles et de paysans, résiste jusqu'en 1794 avant d'essuyer trois grandes défaites : Cholet, Le Mans, Savenay.

La Nation a gagné, mais ce n'est pas fini. Sortis de nulle part, les chouans sont là, creusant leurs tranchées, bâtissant leurs camps dans les bois, attaquant en pleine nuit, tranchant les cous des bleus. On est au Kosovo, on est au Rwanda. Oh ! Il y eut de glorieux faits d'armes, de fières amazones, belles et violentes, comme Mlle du Rocher du Quengo, dite capitaine Victor. Il y eut des chansons. « Monsieur de Charrette a dit à ceux d'Ancenis/Mes amis/Prends ton fusil, Grégoi-oi-re/Prends ta gourde pour boi-oi-re/Nos Messieurs sont partis/Pour monter à Paris. » Et l'on allait, le cœur saignant du Christ cousu sur la poitrine.

Longtemps, j'ai chanté la chanson de M. de Charrette avec la plus grande innocence. Qui me l'apprit ? L'Anjou. J'aimais la chanter, car la dernière note, celle qui monte à Paris, oblige, sur le *is* de la capitale, à hausser le ton, forcer la tessiture et, donc, la voix s'étouffe ou grince. J'adorais ça. Ensuite, j'ai appris. Combien d'années pour comprendre l'enjeu de la chanson ? Allez, je fais un prix : trente ans.

Trente ans pour découvrir qu'on m'avait fait chanter une chanson contre la République, un chant pour aristos, ceux qui sont « Nos Messieurs », des gens que je connais, que j'ai vus méprisants, qui se croient tout permis en Anjou.

Il n'en reste plus grand-chose, encore trop à mon goût. Il reste le fusil avec lequel on chasse, et la gourde pour boire qui contient l'eau-de-vie. Aux poilus de la Grande Guerre, on administrait également la goutte pour leur faire oublier le combat corps à corps qu'ils allaient affronter, car on ne fait pas la guerre sans alcool.

Alcools

LES VIGNES des coteaux exposent leurs habitants à toutes sortes de dangers. Boire, ou ne pas boire ? Ne pas boire relève d'un manque d'éducation et cela se comprend : faire le vin, c'est un art ; le déguster, c'est une métaphysique. Le village est précisément situé dans la région qu'affectionnait le défunt Jean Carmet, celle où le cher Depardieu possède son vignoble, à Tigné. Qu'ils me pardonnent ! Du vin, je ne connais que son avant-goût.

Vendanger. Couper la grappe aux ciseaux à l'endroit où la tige s'attache au tronc, en piétinant les sols pierreux, les coquilles d'huîtres fossilisées, les ammonites, allez, on n'a pas le temps, on travaille ! Protéger les grappes sans les égrener, se poisser les doigts sous le cagnard en évitant les longues araignées agiles à se faufiler entre les cuisses. Vendanger, c'est se relever le dos lourd en s'essuyant les yeux quand c'est possible. Cela se passe en silence. Les seuls bruits qu'on entend sont les roues de la charrette sur les pierres du chemin, la jument qui bronche, des soupirs. Jusque-là tout va bien. Ensuite, du pressoir sort le verjus qui tourne délicieusement la tête. Alcool, concentration ? Non. Fatigue des vendanges et du jour qui s'achève. Parfait.

Au nord de la Loire, c'est la plaine maraîchère, sans vignes ; mais au sud, où nous sommes, c'est le coteau, la vigne. Le clivage entre la vigne et la plaine est si puissant que, longtemps, il y eut des combats entre une Loire et l'autre. Ceux du coteau méprisent ceux du vallon, les « vallereaux », comme on dit.

Légende diffamatoire. Les « vallereaux » sont supposés descendre des bagnards de Fontevrault libérés par Napoléon ; d'ailleurs, regardez-les, avec leur tête carrée, disent ceux du coteau ; ils ne font pas de vigne et, s'ils boivent, ils picolent. Ceux du coteau seraient civilisés : en face, au nord, les autres seraient des brutes.

Cela se réglait dans les bals, sur les ponts. Batailles rangées, coups de poing, coups de couteau, le sang coulait sur les ponts, une fois de plus. Le racisme est partout, même d'une rive à l'autre. Possible qu'après tout, ces bisbilles querelleuses m'aient dégoûtée du vin – je n'aime pas les frontières. Non que j'ignore la douce hébétude qu'il suscite, et le profond sommeil dont il est donateur. Mais enfin, je confesse qu'à vivre dans deux pays ignorant l'art du vin – l'Inde et le Sénégal – j'éprouvai un lâche soulagement.

Que l'eau est bonne, si rare !

J'avoue que l'eau-de-vie est bonne, elle aussi. Autant le vin a pu me laisser indifférente, autant l'alcool de fruits me paraît toujours prodigieux. Parmi tous ses talents, Yvonne était bouilleur de cru. C'est un privilège rare et non héréditaire. Après elle, personne n'en jouirait plus, d'autant que le privilège est en général masculin. Il fallait donc en profiter.

Je ramassais avec elle les prunes pourries tombées sous l'arbre, flétries et brunes, la peau piquetée de blanches moisissures, déjà parfumées d'alcool. C'était sale, c'était beau. Plus rien jusqu'au prodige. Il arrivait un matin sur la route avec ses tuyaux de cuivre et ses ballons, outillage brillant et fort énigmatique. Les tonneaux de fruits pourris disparaissaient et en sortaient, miracle, transmutées en liquide semblable à l'eau.

L'eau-de-feu saccage le bout de la langue, et répand son odeur en suivant le palais. Chevauchant comme Aliénor d'Aquitaine avec son roi Plantagenêt, le parfum dévale les fosses nasales pendant que l'alcool incendie l'œsophage. Après le brûlis, la langue découvre la saveur de l'arbre, l'herbe qui pousse à ses pieds. Victoire des alcools forts ! Le galop est fini. Mais il est si rempli de la colère de Dieu que l'eau-de-feu exige une gorgée nouvelle. Ce sont peuples de fruits ravis, « philtrés », car le philtre qu'Iseut la blonde tendit à son Tristan ne pouvait être qu'une eau-de-vie. Donneuse de mort ? Pardi.

Ce massacre de fruits broyés jusqu'à la quintessence procède de l'alchimie. Petite, j'ai voulu procéder moi-même à la fabrication des mystérieux liquides. Et pourquoi ne serais-je pas bouilleur, moi aussi ? À douze ans, ayant trouvé du houblon dans les champs, je le mis à macérer dans l'eau, mais rien ; de la même façon, les pétales séchés au soleil refusèrent de devenir eau de rose. J'obtins d'infâmes bouillies au lieu de mes trésors. J'essayai avec des pétales de géranium dans un esprit d'innovation, mais je n'ai pas le talent de chimiste de mon grand-père Louis. Non, tout ce que je sais faire, ce sont les confitures. Mais la confiture laisse des restes de formes : du fruit, on voit la peau.

Tandis que l'eau-de-vie dissout absolument ; rien ne demeure de la figure du fruit. Seule reste son essence. Si puissante que, par superstition, on ne parle pas d'eau-de-vie, mais de goutte. Petite, de préférence. Une petite goutte ? Une seule, c'est pas ça, Colinette, qui te fera du mal... Rien ne se compare plus à l'amour que cette goutte unique, qui anesthésie en brûlant.

Le titre de bouilleur de cru disparut avec Yvonne. L'époque est révolue où il faisait, comme le bureau de tabac, l'objet de trafics d'influence. Bonne fille, la République laissait ce privilège à ceux de ses sujets qui l'honoraient, moyennant votation, corruption et rétribution. Mais elle a de l'honneur, et le culte du droit, attention !

Donc, la République interdisait le transport du précieux liquide, strictement réservé à la consommation sur place. Combien de coffres de voitures remplis de bouteilles de poire ou de prune furent-ils nuitamment chargés à la maison, direction Paris, en dépit des lois ? Je ne sais plus. Beaucoup. Forcément, l'alchimie. Ces activités-là ne sont jamais correctes. On est un peu sorcier quand on fait bouillir du cru.

Le cru, imaginez ! Chair d'enfant, crapauds cuits, sauce d'escargots à l'eau bénite ? Pas du tout. Fruits pourris. Et pour ces fruits ramassés sous l'arbre et dissous, nous violâmes le droit républicain avec ivresse.

Aujourd'hui, les alcools de fruits se trouvent au supermarché, cérémonieusement étiquetés façon Moyen Âge. Ils sont moins bons qu'ils ne l'étaient chez nous. Ils râpent moins la langue, et le feu est moins doux. L'alchimie n'y est plus visible sous nos yeux, l'interdit n'est plus là pour aiguiser le désir. Comme à la fin du verre le parfum de la prune, il ne reste plus sur la langue qu'une vague amertume, plus aucune douceur, un sentiment de vide.

Le guingois

JE N'AURAIS jamais pu vivre sans la maison. Pendant de longues années, j'ai séjourné dans les pays du Sud, à dix mille ou cinq mille kilomètres de là, et, en pleine chaleur, je ne survivais qu'à cause d'elle. Elle ne me manquait pas tous les jours, je n'y pensais pas très souvent, je n'avais pas de nostalgie, mais j'avais éperdument besoin d'y retourner, au moins une fois l'an. Une maison où l'on a survécu à de très grands dangers vous protège.

Très tôt, je m'attachai à la mythologie grecque, suffisamment pour découvrir le mythe d'Antée. C'est un géant indomptable dont les forces reviennent dès que ses épaules touchent terre. Terre ! Alors il se relève et retourne au combat. Je me moque de la glèbe, je ne suis pas terrienne, les champs et les vignes ne me touchent qu'assez peu, mais il est d'autres terres que le sol où l'on plante. Une maison suffit. Quand enfin la maison apparaît au détour de la route, je suis Antée. Est-ce un effet de l'âge ? Je ne suis pas la seule à évoquer Antée en matière de maison. Jacqueline Rousseau-Dujardin, ma vieille amie psychanalyste, se compare au géant en pensant à la sienne. Mais il y a mieux, sans doute. L'être au cou ver de terre, aux gros yeux affectueux, l'être à la peau plissée, E.T., qui crie « Maison ! ».

C'est chez elle, la maison, que j'écris la plupart du temps. Des romans où toujours on rencontre une guerre, des amants ennemis comme Tristan et Iseut, des obstacles à franchir, des conflits résolus. Des essais pour tâcher de trouver les ressorts qui permettent de dénouer les haines.

Qu'est-ce qu'une maison ? Un bâtiment conçu pour héberger des gens ; pierres, briques de terre cuite, « banco » aux tiges de mil broyées, béton, pavés de neige glacée, branches, palmes ou feuilles cousues façon Pygmée, le matériau de construction protège du froid, du gel, du vent ou bien de la chaleur, de la pluie et du sable.

Dans nos contrées, on y rentre le soir, on y prend ses repas, on s'y récure, on y fait ses devoirs, on y baise, on y dort et parfois, lorsqu'on est chanceux, on y meurt. Il n'est même pas sûr qu'une maison soit le lieu où l'on naisse. Chez nous, on naît désormais en clinique ; et, en Afrique, les mères préfèrent souvent accoucher rituellement sous l'arbre, en se cramponnant, accroupie, à ses branches.

Alors, qu'est-ce qu'une maison ? L'endroit où l'on revient. Je n'y ai pas manqué une seule fois. La maison m'oblige.

Elle est toute de guingois. Ce n'est pas une maison harmonieuse au milieu d'un jardin. Ni une folie façon pavillon de chasse au creux des bois, ni une villa. Elle zizgague, elle cache ses recoins secrets, on a même trouvé récemment des souterrains planqués derrière une armoire, et ce genre de surprise est tout à fait son style. Vue de la rue, on la croit simple et droite, mais, vue de la cour, elle est en biais, grimpant jusqu'au coteau par ses immenses toits.

La maison a tellement l'esprit de guingois qu'elle nous fait des greniers dans tous les coins. On a beau les coloniser, les transformer en bibliothèques, les équiper, il s'en découvre d'autres, et d'autres souterrains. Rien d'étonnant dans une région si labourée de guerres que ses collines comportent plusieurs centaines de kilomètres de tunnels où se cachèrent les gueux, les protestants, les chouans, souterrains de maquis, et maison de révolte.

Le guingois l'a poussée tellement loin qu'elle n'est pas une maison, mais quatre, dont une maison de poupée, sans oublier la tour, sans oublier la grange, compte non tenu des ruines où l'on pourrait édifier une maison si l'on avait de quoi. Ce n'est pas une maison, c'est une concession, comme on dit en Afrique de l'Ouest lorsque des bâtiments bordent une cour familiale sur trois pans.

Dans les sociétés traditionnelles, nombreuses sont les architectures formant un monde clos pour les grandes familles, de celles que l'ethnologie appelle en français « familles élargies ».

« Élargie », pour une famille, c'est joli, mais ce n'est pas précis pour désigner le ciment symbolique qui tient ensemble un nombre important d'êtres humains. Élargie, cela vous a des airs de prison que l'on ouvre, d'un corset qu'on dénoue, d'un vêtement trop étroit qu'on agrandit. Je préfère l'expression anglaise *joint family*, famille jointoyée, qui désigne l'unité familiale d'une centaine de personnes reliées par un lien d'habitude et une vie commune.

La maison sait cela. Elle a de l'expérience et quand on détruit l'un de ses bâtiments, elle sait qu'on en reconstruira deux autres à la place.

C'est ce qui s'est passé. Jadis, une maison sans grâce fermait la vue sur la Loire, celle qu'on a du jardin, mais je ne l'ai pas connue ; elle fut démolie à l'aube de la guerre. C'est un moment étrange : mes grands-parents chrétiens, Louis et Yvonne, choisirent 1938 pour commencer la construction de leur maison à eux, dont les plans comprenaient une tourelle, un escalier à double révolution et toutes sortes de beautés chantournées dont la guerre allait laminer les promesses. La maison fut construite à la va-comme-j'te-pousse, sans affèterie, sans tourelle ni double révolution, mais elle s'acheva comme prévu.

Mille fois mieux. Une autre suivit, puis une autre. C'est comme les fraisiers, cela fait des surgeons.

Mais un surgeon de fraisier, ça ne dure pas. Tandis qu'un surgeon de maison ! Les toits parlent. Une maison, c'est toujours une mémoire. Qu'elle soit hutte, igloo, cabane ou palais, la maison est dotée d'un passé qui commence au jour où surgissent ses murs, palmes, neige glacée, roseaux, pierres de taille. Et puis les vieux oublient l'épisode fatidique et l'on change de gens et l'on change de siècle et les vieux se dépouillent et la mémoire se perd. Comment la garantir ?

Autrefois, quand un père voulait apprendre à son fils l'étendue de son champ, il lui faisait planter des piquets sur le pourtour et, à chaque piquet, il lui flanquait une baffe à réveiller les morts. En l'absence d'archives, si l'on ne sait pas écrire, l'imposition des trente-six chandelles dans la mémoire des héritiers n'est pas une mauvaise solution.

En pleine guerre, mais avant la défaite, Yvonne

et Louis me firent poser la main sur la première pierre de la future maison en construction. Pourtant, les fondations étaient déjà creusées, puisque les murs sortaient. Reconstituer le rite de la première pierre après avoir manqué les fondations, c'était quasiment sacrilège. N'empêche ! Puisque j'étais née, j'y eus droit. Mordicus ! Dès que je pus tenir le dos droit, dès que je pus étendre les doigts, hop ! Instant fondateur, photographie. Légende écrite à la main sous la photo : « Rite de la première pierre à retardement. »

Pas à l'heure, non, bien sûr, mais à retardement ; toujours l'esprit de guingois.

Ça s'emporte, une maison, sous forme de photo pliée dans le portefeuille, comme celles des enfants et celles des parents. Cela ne se raconte pas. On ne peut pas en parler. C'est elle qui parle.

Pour l'entendre, il faut taire les bruits des vivants, éviter les feux vifs vrombissant dans les cheminées, couper la radio, la télévision, les portables. La nuit, on l'entend mieux, lorsque les enfants dorment. C'est l'heure de l'écriture, celle de la liberté, celle d'aller et venir dans sa tête. À ces heures qui confinent aux petits matins, la maison est plutôt bavarde.

Qu'est-ce qu'une maison, au juste ? Le contraire de l'individu.

Quand ce n'est pas un lieu d'habitation, le terme

de « maison » possède un autre sens, voisin de « clan », ou de « tribu ». En Asie, en Afrique, une famille est comme un petit peuple avec ses règles à lui, ses rites, ses coutumes et ses obligations, d'où viennent les modèles que l'on voit aujourd'hui dans les grandes mafias, siciliennes ou russes, les partis politiques ou les tribus d'Irak. Certes, les membres de l'énorme tribu s'y trouvent rassemblés ; mais aussi toutes sortes de gens reliés à la famille par tradition.

En Inde, par exemple, le gourou d'une famille en fait partie, en raison du lien de guidance spirituelle ; en Afrique de l'Ouest, le griot de la famille ou les rejetons d'anciens esclaves affranchis depuis des générations sont partie intégrante de la tribu, qui leur doit, en échange de services passés ou présents, le vivre et le couvert. Ces affidés sans liens de parenté sont les équivalents des « clients » de la famille romaine, la *gens*, dont l'extension est à peu près la même que celle de la *joint family.* Ce sont de grands fourre-tout où nicher tout un clan, qui se met sous la bannière du roi.

Hormis ce dernier trait – nous n'avons pas de roi –, ma maison relève nettement du sens de la tribu. Combien sommes-nous au complet ? Entre trente et quarante. C'est pourquoi la maison ne m'appartient pas. Elle appartient à « nous », entité composée d'oncle et tante, frère, cousins, cousines et jeunes générations, qu'on appelle famille, ensemble de personnes liées par les mariages et les procréations, auxquelles s'ajoutent amis fidèles, visages familiers, voisins, chacun des membres de la tribu trouvant à peu près sa place dans ce « nous » déposé par hasard en 1931. Le heurtoir frappe la petite porte en bois, quelqu'un cogne aux fenêtres, « Je dérange ? » Mais non ! Entre !

Une famille française grandement élargie.

Louis et sa femme Yvonne étaient tous deux chrétiens, nés en France, on ne peut plus bourgeois, on ne peut plus œil bleu. Louis avait le regard qui tirait sur le gris, et Yvonne, franchement myosotis. Leurs deux fils étaient le destin de la « maison », qui était, à l'époque, une famille peu nombreuse enrichie dans les années 1930. En trois générations, quel vertige !

Dès 1938 s'ouvrit la première brèche. André-Yves, fils aîné de Louis et d'Yvonne, transgressa la règle ethnologique des « maisons » en épousant, contre l'avis des deux familles, ma mère Rebecca, Rivka en hébreu, Raymonde en français. Cela fit du tapage. En 1938, les « maisons » avaient encore de l'influence, et ne supportaient guère les infractions. Les deux maisons, la chrétienne et la juive, émirent de fortes objections. Mon père-Roméo et ma mère-Juliette envoyèrent aux pelotes qui Capulet, qui Montaigu, et comme nous étions quand même au XXe siècle en Europe, ils n'en moururent pas ensemble dans un tombeau.

La guerre les sépara. Deuxième brèche tout de suite après la guerre. Après un pénible divorce, Roméo épouse Linette, cousine de Juliette. De son côté, Juliette épouse Marcel, associé de Roméo. Quant au premier mari de la seconde femme de Roméo, il épouse la mère de son gendre. Vous suivez ? Shakespeare a eu raison, c'est plus simple de faire mourir Roméo et Juliette à seize ans. Munie de ces travaux pratiques, je ne m'étonne pas d'être entrée sans frémir dans l'ouvrage difficile de Claude Lévi-Strauss, *Les Structures élémentaires de la parenté*. Moyennant quoi, j'ai trouvé en Linette une exquise marâtre amoureuse de la vie, une femme que j'ai aimée en dépit du chagrin que cet amour fidèle causait à ma jalouse mère. Mais la mixité, il faut dire, apprend à se diviser. Mi-juive mi-chrétienne, partagée entre mère et marâtre, entre père et parâtre, mitoyenne à peu près en tout, j'ai jeté le conflit aux orties.

Il ne faut pas rêver ; la maison est moderne. Elle a perdu en route des conjoints séparés. Elle n'aime pas cela, elle fait un peu la gueule. Une maison, c'est connu, s'accommode davantage des unions longue durée. Elle a tout ce qu'il faut, noces d'argent, de diamant, et les plus jeunes de tous, Jeff et Sarah, ont déjà leurs dix ans. C'est bien, ça fait des fêtes et puis des enfants naissent. Quant aux unions libres, depuis la mort d'Yvonne, la maison a fermé les yeux. Nous l'avons grandement privée de beaux mariages. À vrai dire, elle s'en moque ; l'important, c'est qu'elle ne soit pas privée de ses vivants.

La brèche étant ouverte, d'autres s'y engouffrèrent. Le monde s'élargissait ; dans les années 1970, les petits voyagèrent, en Inde surtout. Au retour, la maison dut leur sembler menue. Rien n'étant plus facile que l'augmenter d'un cran, elle se délaça et fit de la place au monde. Dans son jardin circulent les enfants d'Iran et du Japon, yeux noirs ourlés de cils touffus, teints mats. Se mêlent sous les tilleuls les chrétiens, les juifs, les shintos, les chiites, le tout très vaguement, car l'athéisme règne sur la maison. C'est aux villes qu'on réserve le mot « cosmopolite », mais, avec la maison, il faut constater qu'un jardin sur la Loire peut être cosmopolite.

À cause de l'amour, je suis aussi juive russe ; à cause de l'amour, j'ai une cousine iranienne, un cousin japonais. Nous avons installé le voyage à la maison. Nous rêvons d'un salon aux murs de mosaïques bleues, chauffé par brasero enfoui sous des tapis ; nous rêvons d'une pièce vide à tatamis et d'un arum posé près d'un caillou. Un jour, nous le ferons quand nous aurons de quoi. Ce n'est pas nous la source de ces rêves, c'est la maison. Le vin clairet et le parfum d'épices, les gabares descendant la Loire jusqu'à la mer, l'air du large. Un fleuve, on a beau dire, cela ouvre l'esprit d'une maison sur le monde.

Nous avons cependant des ancêtres sur place. Je ne parle pas de Louis et d'Yvonne, non. Il s'agit d'arbres. Contemporains de la construction, trois tilleuls tricentenaires ont bravement survécu. Et comment le sait-on ? Parce qu'ils sont sur les fresques dégradées de la tour. Trois tilleuls d'un vert sombre.

Ils ne font plus de fleurs pour s'économiser. Leur tronc est si large qu'on ne peut pas le prendre à bras-le-corps. Soigneusement étêtés, ils poussent éternellement des feuilles et les mésanges continuent à nicher dans leurs branches. Deux d'entre eux vont bien, mais pas le troisième.

C'est depuis l'ouragan, ou c'est la canicule, avec les très grands vieillards, on ne sait pas comment leur vie s'en va. Un beau jour, on s'est aperçu qu'il était creux. Oh ! Bien sûr, il y a longtemps qu'on avait cimenté le haut de chacun des trois tilleuls, pour éviter les accidents. Mais pour lui, c'est affreux. Son tronc est entièrement évidé. Consulté, le jardinier ne fut pas optimiste. « Il ne tient plus que par les racines, et encore ! » dit-il en hochant la tête. Alors, l'abattre ?

Pas question. Il œuvra. Posa sur l'ouverture du tronc des pansements en bois, des lattes clouées qui lui font comme des côtes. Couvrit les trous d'en haut avec du caoutchouc, ce n'est pas beau l'hiver, mais l'été, on ne devrait rien voir, à supposer qu'il refasse des feuilles, sait-on jamais ? Puis il croisa les doigts et nous dit : « Attendons. »

L'Ancêtre fatigué fit ses feuilles en même temps que les autres. Il fit même des pousses au pied de son gros tronc. Les feuilles sont un peu rousses, on sent qu'il s'épuise, mais bon ! Il se survit. Égaré près de ses racines, un bignonia grimpe suffisamment pour cacher presque toutes les lattes de bois dans lesquelles on a calé deux immenses cuillères venues d'on ne sait où, d'Afrique ou d'Amérique, deux cuillères de bois. Des trois, c'est lui le plus étrange. Tapissé de bignone, orné de ses cuillères, pansé de bois, il a l'air gueule cassée. Il est superbe.

Orages

UN JOUR, sans crier gare, c'est l'émeute. Une colère, une tornade, une dispute, un grand vent qui fait claquer les cœurs comme des volets. Les mots volent, il y a des larmes, pour un tout, pour un rien. Insupportable ! La maison a horreur de ça. Les médiateurs surgissent et se mettent à l'ouvrage. Enquête. Que s'est-il passé ? Il m'a dit, elle m'a dit, ils ont dit, et alors... Alors il faut guérir les mots avec des mots. Les médiateurs sont de vrais techniciens qui créent une commission qui va des uns aux autres et qui vote une motion, d'où il ressort qu'avant la fin du jour on aura signé un compromis. Que c'est long, une paix !

Un jour, sans crier gare, c'est l'ouragan. En deux secondes, une mousson s'abat sur la maison. Les poutres dégoulinent d'une pluie effrayante, les branches cassées volent à l'horizontale, arrachant tout sur leur passage, les cheminées basculent, le fleuve est en furie et les peupliers, cassés en leur milieu, tombent sur les poteaux électriques en tuant, cela s'est vu, un campeur endormi. Le lendemain, sans se presser, les appareils électriques implosent l'un après l'autre. La maison est sous le choc. Que c'est dur à passer, l'ouragan !

Celui-là a frappé à la veille de l'hiver. Trois jours plus tard, les techniciens d'EDF sont venus couper l'arbre abattu en se hissant sur une grue mobile. Après quelques heures de travail, le courant fut enfin rétabli, et sans que personne ait pris la décision, le village a sablé le champagne pour fêter le retour de l'électricité. Il faisait doux pour un mois de décembre. On était adossé au parapet au bord de l'eau, comme autrefois, quand il n'y avait pas la télévision et que les nouvelles s'apprenaient sur le quai, tous les jours. On brandissait les coupes et les flûtes, on se hélait d'une maison à l'autre. L'électricité revenue, la guerre de l'ouragan était finie.

Il arrive que les nuages noirs s'accumulent d'un côté quand l'autre est encore clair, avec un ciel très bleu. Le ciel n'est pas si bas, mais les oiseaux se taisent et les mouettes volent au ras des eaux. Le grondement commence à l'horizon.

Ça peut durer des heures. Ça peut nous épargner. Cela peut parfaitement tournoyer, ronronner, menacer puis fléchir, cela peut s'arrêter sans une goutte de pluie, et sans même un éclair.

Lorsque c'est sur nous, au grondement du tonnerre s'ajoute un coup de feu. Les vignerons se protègent de la grêle en crevant les nuages les plus noirs au canon. J'ai toujours admiré cette voie pragmatique qui s'égale aux dieux et crève les nuages en prétendant leur imposer la loi des hommes.

La grêle, c'est interdit. Reculez ! C'est une sommation. Vous ne voulez pas ? Alors on tire.

Le plus fort, c'est l'obéissance des nuages. Quand ils crèvent, ils pleurent, sans un grêlon.

Les folkloristes

DIEU, que c'est doux, la fête au bord de Loire !

Eh bien, ne croyez pas cela. Dans les années 1960, les édiles trouvèrent à propos de faire courir des hors-bord sur la Loire, précisément devant chez nous, car le fleuve, à cet endroit, est d'une largeur exceptionnelle, ce qui vaut au village un « plan d'eau » indiqué sur les cartes et panneaux.

Chaque année, la fête nautique commençait benoîtement par une course de « plates », épaisses barques noires avec rames qui ne font pas de bruit. Suivaient les régates de voiliers, épatantes. L'étape qui venait ensuite était un peu bruyante, mais amusante à voir : prouesses à skis nautiques, avec, en vedette, un garçonnet si doué qu'il fut champion du monde – pas chez nous, mais quand même.

Il est presque six heures et le pire va venir. L'invasion des hors-bord, leur sifflement de bombes.

Même volets fermés, même au loin dans les bois, le fourbi d'enfer nous vrillait les tympans. Ces punaises pourvues de moteurs surchauffés causaient tant de nuisances qu'elles n'existent plus. Allez savoir pourquoi ce trop de bruit était précisément ce qui attirait les foules ! La disparition des hors-bord entraîna celle des exhibitions de ski nautique et des courses de plates, et même du défilé nocturne des barques illuminées de lampions, dite « fête vénitienne ». Voilà ce qui s'est perdu.

En échange, nous avons gagné l'inattendu. Depuis quelque dix ans, la batellerie ancienne fait un retour en force sur les bords de la Loire.

Dans le manoir voisin où vécurent les Van Voorn quand ils arrivèrent de la ville d'Anvers, habitaient, quand j'étais jeune, les Fraysse. Lui, Camille, rond et fort, lippe épaisse, jambes lourdes, voix de bronze, pharmacien sur la rive d'en face ; elle, Jeanne, ronde et forte, lèvres minces, voix de fer, jambe alerte, pharmacienne dans la même officine. Fortes têtes.

Il y a encore vingt ans, on appelait Jeanne et Camille Fraysse « folkloristes ». Le terme de *folklore*, qui veut dire « science du peuple » et qui vient de l'anglais, a poursuivi sa vie linguistique dans le ridicule absolu – « c'est du folklore ! » dit-on avec mépris dans le monde très fermé des ethnologues bon teint. Pharmaciens et folkloristes, je vous demande un peu ! Mais une fois disparus, Jeanne et Camille ont changé de statut. De folkloristes, ils sont passés ethnologues, aujourd'hui reconnus comme les plus grands de la région. Cette curiosité pour le passé des gens ne resta pas sans conséquences : par un effet souterrain de voisinage, Julien, un de nos garçons, est devenu ethnologue. Un peu plus loin, toutefois. Dans les îles Samoa.

L'ethnie étudiée par les Fraysse était un petit peuple aujourd'hui disparu : les mariniers de Loire. Quand les Fraysse s'y mirent, des mariniers, restaient leurs descendants avec des meubles de marine, des souvenirs, des histoires grivoises, des chansons, des inscriptions sur les murs, des églises souterraines, patrimoine canardé en plein vol par l'arrivée du chemin de fer un siècle auparavant. Et parmi les informateurs de premier choix, on retrouve Joseph, mon père nourricier. Il y avait chez lui plusieurs coffres de bois extrêmement travaillés, des ancres, des battoirs sculptés, et surtout, sa mémoire. Les histoires qu'il contait ne me plaisaient pas trop lorsque j'étais enfant ; cela parlait de culotte posée pour déféquer, d'étrons farceurs, de fesses renversées sous les jupes, affaires de grandes personnes au lit. Consignées par les Fraysse, elles ont pris du galon.

Le village comprenant un quai et quelques ruelles rebaptisées « rues » pour la montre, on jugea que Camille et Jeanne avaient bien mérité qu'on donnât leurs noms à une cale, majestueuse descente sur le fleuve en face de leur demeure, ainsi qu'à un futreau, baptisé *Jeanne-Camille*.

La région est truffée d'habitations troglodytes, d'églises souterraines, de caves sculptées, ou simplement voûtées, merveilles d'architecture. Elles n'étaient guère connues. Les Fraysse s'y attaquèrent. Le terrible Camille était le chef des expéditions, parfois hasardeuses, car il fallait souvent escalader, ramper. Jeanne, sa parèdre, prenait les relevés. Elle dessinait et peignait à l'aquarelle avec détermination, rapidement et très bien, comme elle faisait toute chose.

Comme Jeanne faisait collection de coiffes en dentelle, il lui plut de confectionner les marottes pour les en coiffer. Et comment faire des marottes, s'il vous plaît ? En papier mâché, gouaché de blanc, cheveux peints en noir, bouche rouge, joues roses, en un tournemain, c'était fait. C'est à Jeanne que je dois une découverte majeure, les encres de couleur – « Mais elles sont de Chine, vous êtes sûre, madame Fraysse ? — Puisque je te le dis ! Essaye donc... » Et de ses doigts agiles naissaient des paysages sortis de minuscules bouteilles pleines de vert anglais ou de jaune citron. Évidemment, avec l'encre de Chine, pas question de rattraper une erreur. Il faut toucher au but dans l'immédiat. Mais, à l'instar de son mari Camille, Jeanne était une personne exigeante.

Jean Fraysse, leur fils, est un sage d'une rare élévation. Il observe, il déduit, il aime l'humanité. C'est ainsi qu'à huit ans il s'en souvient très bien, il vit mon père et ma mère partir dans une barque pour une promenade de fiançailles. Il me dit qu'ils s'aimaient, que cela se voyait et que lui, petit homme en culottes courtes, il a compris pour la première fois la nature de l'amour en les regardant du haut du parapet.

On me l'a toujours contesté, cet amour. Mes parents, disait-on, ne s'étaient pas aimés. On a écrabouillé Roméo et Juliette, enfoui leurs sentiments naissants sous leur divorce, on a refoulé la jeunesse de leurs cœurs. Quand je devins plus grande, personne n'était là pour me dire qu'ils s'étaient aimés en m'engendrant. Tout ce que j'entendais, c'est qu'ils se détestaient. Imaginez comme c'est facile d'être le produit d'une détestation ! Mais puisque Jean le dit... S'il me fait ce cadeau, je prends ! Je prends.

Le tempérament Fraysse, la passion de vivre, leur manière de mettre le monde à leur main. Leur avidité à comprendre tenait du prodige. Tout leur était objet d'études. Les fossiles dans les carrières, silex taillés, traces d'une intense activité préhistorique, les dolmens, les menhirs d'une époque plus tardive, les coquilles de moules recueillies dans les vignes, les traces des Romains. Le monde était pour eux un système de signes qu'il fallait ramasser, archiver, déchiffrer. Ils publièrent beaucoup, et leurs livres ont tellement circulé qu'ils ont donné naissance à cette résurrection, la batellerie ancienne sur la Loire.

Petite, je ne connaissais que les « plates », sans savoir ce qui leur manquait : le mât et les voiles carrées. Pour quelle raison le pays s'est-il épris de ses anciens bateaux ? Nostalgie du passé, quête d'identité ? Ainsi parlent les psy. Ils sont gentils, les psy. Au chapitre des réalités, ne pas oublier les effets de la décentralisation, qui contraint les édiles à l'imagination et laisse un peu de liberté aux « assoces », dites « société civile », et qui aiment les bateaux.

Sur les berges au printemps, on voit clouer les planches, poser les revêtements, ajuster les voiles carrées ressuscitées. Désormais, les plates ont des mâts surmontés de girouettes en fer forgé, où flottent des fanions aux couleurs du bateau ; ainsi parées, elles s'appellent futreaux. Ensuite sont arrivées les toues de plaisance, larges barques surmontées d'une petite cabane confortablement installée, avec canapé, table, chaises et réchaud d'intérieur, parapluie, téléviseur. Et, une fois par an, surviennent les gabares pour la fête de la batellerie ancienne, cette merveille.

Une grande gabare fait vingt mètres de long et sa voile est si haute qu'il faut, pour la hisser, un vent régulier. Pour peu que le vent tressaute, on reste à quai. C'est quand même très bien. Une fois l'an, l'immense gabare qui vient de Nantes apporte des sacs de sel de Guérande sous des flonflons de chansons du pays, comme dans un feuilleton d'été sur TF1. Flanquée d'une cinquantaine de toues, de gabares plus petites et de futreaux, elle fait surgir devant chez nous la flotte qui emportait le vin doux jusqu'à Nantes et de là, aux Antilles, avec le détour africain que l'on sait.

Devant l'église romane du village, Alain et Michelle, libraires du bourg voisin, ont dressé un étal où ils offrent en plein vent des ouvrages sur la Loire – il n'en manque pas. Sous les tilleuls du mail, les tables sont dressées pour banqueter, au son d'un orchestre où jouent des violons, et, pour la première fois depuis deux siècles, le mail retrouve un air qu'il a perdu.

Dans les années 1950, la fête n'avait pas cette

allure cultivée. Une ou deux fois par an s'installaient sur le mail des auvents, boutiques de merguez et baraques foraines, un manège d'autos tamponneuses et, parfois, un parquet de bal sous une tente. Le bal ! Quand on allait danser au son d'un orchestre à clarinettes et percussions, on vous marquait le bras au tampon à l'encre violette, pour sortir et rentrer, une fois son dû payé. Ayant une sainte horreur du tampon sur le bras, je n'y fus pas souvent.

Aujourd'hui, des bancs sages abritent les retraités qui contemplent le fleuve ; on danse sur le côté, plus à l'endroit du mail.

Mais on peut rêver aux danses d'autrefois. Jupe rouge sur jupon de coton, corselet lacé, foulard de Cholet, coiffe tuyautée pour les demoiselles ; bottes claires, chausses brunes, feutre large pour les messieurs, c'était au XVIIIe, un parfum de Rousseau ou un air d'opéra, comme sur scène l'on voit *Les Noces de Figaro*. André Van Voorn est là, mais il ne danse pas. Sa dame est en manteau décolleté bordé de petit-gris, un châle de cachemire posé sur l'avant-bras ganté ; quand les métayers dansent, les maîtres sont présents, réservés, mais bonhommes.

En toute bienveillance. Avec des « oui-mais » jusqu'à l'âme. Façon contrat de mariage, comme celui du trumeau des Van Voorn.

La source des voyages

SUR LE PANNEAU PEINT, la demoiselle en vert à jupon rose est en tenue de cérémonie, nœuds de satin sur les manches, ruché de dentelle au cou, diadème sur la perruque, tuyauté sur le manteau Watteau. Seize ans aux fraises. Minois discret, regard hardi : on est au XVIIIe et les filles s'émancipent.

Dans un emportement sincère, le jeune homme au catogan noir, chapeau sous le bras, lui pose dans les mains une bourse de velours. Il porte autour du cou un large ruban noir assorti au nœud du catogan. Sourcils épais, regard noir, visage passionné...

Ce jeune homme-là éprouve un vif désir. Mais lequel ? Se débarrasser de la bourse ? Précipiter le mariage ? L'embrasser, devant tout le monde, le notaire, papa, la compagnie ? Ou bien, au contraire, s'enfuir parce qu'il en aime une autre ?

La jeune fille hardie reçoit la dot en main et je ne sais pas ce qu'elle pense.

Il vaut mieux décider qu'ils s'aiment profondément. La scène est officielle, en un temps où les mariages d'amour ne couraient pas les rues. Mais ils sont si jolis ! Il paraît – mais c'est une rumeur – que le jeune homme en habit caramel serait M. Lavoisier. Ils se marièrent et vécurent très heureux.

Ce serait bien, n'est-ce pas ? Mais le trumeau est faux. C'est une mauvaise copie, et elle est sans valeur. La vie heureuse aussi est une mauvaise copie. Lavoisier passa sous le couteau de la guillotine en 1794, juste avant Thermidor. Que devint la jeune fille au jupon rose, la future Mme Lavoisier ? Cou coupé, elle aussi, avec, sur l'échafaud, le ruché de dentelle comme un pointillé pour la lame ?

L'autre trumeau de la maison est en papier peint, très abîmé. On ne voit presque rien. Mais on a les photos. C'est le trumeau à la girafe.

Sur papier peint, il n'en est qu'une, offerte par l'Égypte à la France sous la Restauration. La fameuse girafe traversa le pays avec tant de succès qu'en sortirent ces trumeaux, semblables, pour l'époque, aux calendriers des P et T avec chiens sur panier.

Sous un cèdre du Liban, l'animal fait une pause.

Deux Arabes le tiennent par la bride, enturbannés de blanc, en gilet rose sur pantalons bouffants d'un beau bleu. Un couple d'endimanchés visite la girafe. Le monsieur, en redingote brune et haut-de-forme jaune, la dame, en dentelle blanche, chapeau à rubans rouges, se penchent, un peu raides.

La girafe s'en fout. Une patte en l'air, la girafe essaie de grignoter un peu de feuilles avec la plus grande distinction. Elle porte un prénom, Zarafa ; et elle a des surnoms – on l'appelle la Belle Égyptienne, l'Enfant des Tropiques, la Splendide Africaine. Peu regardants sur l'orthographe, les gazettes l'épellent *giraffe*, mais bon ! Depuis des siècles, aucun animal exotique n'avait parcouru la France au nom d'un roi.

À l'époque des découvertes, il était de bon ton entre puissants du monde de s'offrir de lointains animaux. Ainsi d'un rhinocéros capturé au Népal par le vice-roi des Indes qui lui fit traverser la plaine gangétique avant de l'expédier à son souverain, le jeune Sébastien, roi du Portugal, par bateau, en 1570. Les animaux vivotaient en réserve ; morts, ils ornaient les murs. C'était au XVIe siècle, pendant la mondialisation.

Zarafa la girafe obéit à la règle des mondes qui s'ouvrent avec des animaux. Le vice-roi d'Égypte, Méhémet Ali, l'expédia au triste Charles X avec des arrière-pensées politiques. Charmé par le présent, le roi de France fit silence quand Méhémet Ali prit Athènes – à quel prix ! Zarafa neutralisa d'avance le bombardement du Parthénon.

Cent mille Parisiens vinrent la visiter, mangèrent du pain d'épice à la girafe, se coiffèrent à la girafe, se cravatèrent à la girafe. De cette agitation autour de Zarafa naquit un texte étrange, imprimé chez M. de Balzac père en 1827, l'année de son voyage en France.

Sur la page de garde, la girafe est assise, le derrière sur une chaise, et le cou large comme un poteau. Elle lève la patte avec une grande élégance, et s'entretient avec six Indiens emplumés, les Osages.

Titre : *Discours de la Girafe au chef des six Osages, ou Indiens, prononcé le jour de leur visite au jardin du roi. Traduit de l'arabe par Alibassan, interprète de la Girafe.*

Ah ! Le joli texte ! La girafe renonce à sa promenade pour recevoir les six Osages venus du Missouri, rasés de frais, enroulés dans une couverture, les oreilles et les tempes dûment coloriées.

« Vous ne sauriez croire, Monseigneur, dit la girafe en s'adressant à M. Kihegashugah, chef des Osages, combien ces Français sont malins ; il n'est point de critique dont ma personne n'ait été l'objet. L'un me trouvait les jambes trop longues et la queue trop courte ; d'autres, en admirant la beauté de ma prunelle noire, semblaient se moquer de mes cornes, qu'ils trouvaient trop petites relativement à la masse de mon corps ; enfin je ne finirais point si je voulais vous entretenir de toutes les plaisanteries qu'on a faites sur mon compte. Aussi, je vous engage à ne pas vous fâcher si l'on s'amuse quelquefois à vos dépens ; le Français rit de tout. »

Fort amène, la girafe décrit ses compagnons de captivité ; l'ours qu'on appelle Martin, et l'ours polaire, tout blanc. Elle est triste, la girafe, car l'hiver approche. Elle redoute d'aller dans le séjour « où l'on empaille les morts pour réjouir les vivants ». Les Osages, mieux lotis, vont repartir chez eux. La girafe les envie. Qu'ils fassent vite ! Qu'ils s'en aillent manger leur potage de fourmis... Ici, c'est un futur tombeau. Et l'aménité tourne en mélancolie, terrible pour les Français, leur roi et son jardin, terrible pour les hommes qui capturent les girafes et leur font parcourir tout leur pays, à pied.

Rien ne prouve que le texte en question ait été écrit par le fils de M. de Balzac, mais, si c'était le cas, j'en serais bien heureuse. Le ton à l'antique est désuet, l'écriture maladroite, mais j'aimerais que ce soit l'une de ses « cochonneries littéraires » qu'Honoré de Balzac baptisait aussi « petites opérations de littérature marchande ».

Je rêve d'un Balzac qui, avant de se lancer dans

le médiéval, aurait, pour le plaisir, tagué l'image de cette paix régnant sur la girafe du roi Charles X. Sur mon trumeau de papier peint, la dame en linon blanc serait une duchesse, pudiquement agrippée au bras de son amant, frémissant tous les deux et de l'âme et du cul en lorgnant l'animal et les gens à peau noire. Comme on dit qu'il y a des gifles qui se perdent, il y a de la Révolution perdue dans le trumeau.

Quand j'étais enfant, la girafe était dans ma chambre. À l'époque des lits bateaux et des édredons rouges, la girafe veillait sur nos réveils. Tiens, elle est encore là ; elle ne s'est pas sauvée. Elle est gaie aujourd'hui ; ce n'est pas comme hier, elle était de mauvaise humeur. Son œil rond et profond gérait le cours du temps ; tantôt humide, tantôt hilare, il changeait selon les jours. Puis je lorgnais ses compagnons, leurs turbans, les aiguillettes rouges posées sur leur gilet, le noir de leur peau, leur blanche cornée. Noirs marocains ? Abyssins ? Esclaves ?

Une chose était sûre : les Français avaient de la raideur, et les enturbannés une langueur extrême. L'un par terre, à demi allongé, l'autre assis sur un banc, appuyé sur un bras, tous deux savent quoi faire de leur corps – un berceau. Rien de tendu chez eux, tout en douceur. Mais il s'agissait d'hommes, et donc je m'interdisais de leur ressembler. Adolescente, je me rabattis sur la collerette de dentelle de la dame. Puis les hommes à peau noire l'emportèrent sur la dame.

Je rêvais à tel point que je voulus entrer dans le trumeau. J'ai voulu retrouver les hommes à peau noire.

Et c'est ce que j'ai fait. J'ai vécu dans les lieux où le turban se porte, en Inde et en Afrique. J'ai porté des pantalons bouffants, des gilets roses, du bleu indigo. J'ai été voir ailleurs si j'y étais et j'ai trouvé là-bas des peuples et des amis. J'ai si bien pénétré dans mon trumeau qu'au retour, la France me parut d'un exotisme extrême.

La maison est peuplée d'objets du bout du monde. Elle qui connaissait les gravures XIXe, les lithographies de la ville de Saumur et les crayons de couleur de Louis, voici qu'avec ma génération, elle découvre un fatras dont elle n'a pas idée. À côté d'éléphants de l'Inde, de chevaux, de serpents du Brésil en forme de calebasse, Zarafa la girafe a de la compagnie.

J'ai une prédilection pour les bondieuseries. Dans *Jules et Jim*, le fameux roman d'Henri-Pierre Roché, le personnage de Kate me fascine parce qu'elle peut, dans une église, communier sagement alors qu'elle est athée. Étant, comme Kate, athée, je peux d'un cœur égal me prosterner dans un temple bouddhiste au Bhoutan, offrir au dieu Shiva des fleurs et de l'encens, boire le sang du taureau sacrifié dans un rite d'Afrique, faire le signe de croix dans une église, au choix. Pour des raisons diverses, je ne me sens pas capable de méditer la nuit sur des cendres encore chaudes dans un champ de crémation en Inde ; personne n'est parfait. Ma collection de bondieuseries n'en est pas moins tout à fait remarquable.

Je n'appelle pas Ganesh une bondieuserie. Ce bébé dieu à tête d'éléphant protège le foyer et c'est irréfutable, avec Ganesh, c'est mieux. Il est si familier que, parfois, on l'oublie. Ganesh est un discret qui ne boit que du lait et aime les sucreries. Tout à fait présentable. La maison a donc adopté le poupon éléphantesque sous forme de statues en marbre, en bronze, en terre cuite, gravé sur une plaque d'argent, sans oublier celui qu'on porte dans sa poche et celui en corail qui protégera André. Et s'il nous en faut d'autres, nous les rajouterons. En matière de Ganesh, il ne faut pas lésiner.

Les plus extravagantes de mes bondieuseries viennent de Kâlighat, quartier de Calcutta réservé à la déesse Kâli. Je crois savoir pourquoi elle s'est si facilement adaptée à la maison. Conçue pour massacrer les démons, elle en tua tellement qu'elle but pour se réconforter. Du vin, beaucoup de vin. Quand tous les autres dieux de l'Inde ne boivent ni ne mangent, sont des purs, des ascètes, des extatiques, des saints, Kâli est une poivrote, voilà pourquoi.

Tout le monde la connaît. C'est la patronne des étrangleurs Thugs, c'est l'horrible personne qui danse sur un cadavre en tirant une langue énorme et très rouge à travers des crocs blancs. Pour toutes ces raisons et parce qu'elle est féroce, elle est la Mère adorée des Bengalis. Voilà des gens sensés ! Et qui n'ont pas attendu Melanie Klein pour savoir ce que cache l'affection maternelle. J'ai même une image de Kâli qui porte dans ses bras le grand mystique Ramakrishna en extase : l'horrible figure maternelle veille tendrement sur lui en tirant sa vilaine langue, et son collier de têtes décapitées ruisselle sur les vêtements du saint. Oserait-on cela chez nous ? Sans doute est-ce la raison qui fait ma collection : l'obscène impudeur des dieux de l'Inde, qui montrent à découvert ce que Freud nous assène.

Dans une rue de Kâlighat, d'innombrables boutiques vendent des portraits de déesses, immenses papiers mâchés en relief. Mes Kâli sont sur fond de rideaux rouges, cordons d'or ouverts sur leur petit théâtre de la cruauté. Mignardement fardées, bijoutées, pomponnées, elles écrasent le malheureux Shiva, dieu de la Vie et de la Mort, habituellement bleu. Mais, pour la circonstance, le pauvre Shiva a le corps blanc. Blanc comme un qui perdrait courage, blanc comme le sari des veuves, blanc comme un Blanc étranglé par un Thug.

Ajouter une déesse des Rats, une de la Musique, une, du Sud, pour la danse, une ceinture de grigris pour protéger des balles, un fétiche confectionné dans une corne de taureau avec une peau pour l'enveloppe et des cauris en guise de broderie, toute une procession de petits dieux d'Égypte en laiton patiné garantis faux expressément, deux tableaux souvenirs en verroterie des sanctuaires soufis dont l'Inde est truffée, quelques lampes d'argile, une statue du Bouddha, une autre de Tara, une tripotée de Krishna séduisant des vachères et la sorcière Rangda, ma préférée, qui procura de si délicieuses frayeurs à Titus, mon petit-fils, quand il avait trois ans.

Elle vient de Bali, et elle est si énorme que j'ai eu bien du mal à la ramener à bord. Lourde comme un cheval, difficile à manier, et quand je l'ai apportée à la maison, grands dieux ! J'ai cru que la maison n'allait pas l'accepter.

Qu'est-ce que c'est que ce cochon avec ses gros yeux noirs ? Et ses dents ? Et sa barbe ? On n'a jamais vu un cochon barbu !

Dans les temples de village, Rangda est une ogresse goguenarde et bénéfique dont le masque est porté par un homme. Elle est vêtue d'une sorte de chiffon à carreaux noirs et blancs, couleurs rituelles, mais, pour un œil français, impossible de ne pas voir un torchon dans le tablier de l'ogresse Rangda. C'est un résidu de mythe, une bribe qui s'en est échappée. On dirait une Kâli déclassée, une poivrote en fin de course. Finalement, elle a trouvé place au détour d'une poutre. On l'a bien arrimée, avec suffisamment de place pour la manœuvrer : en s'y mettant à plusieurs, on peut ouvrir sa gueule et activer les terribles dents. Ça fait peur, c'est exprès.

Yvonne n'aurait pas aimé cela. Ses goûts allaient vers les dames du grand monde, figures de mode du siècle précédent. Sur les murs, elle avait placé des gravures romantiques, portraits fleuris de duchesses dans les bleus à la bouche petite, épaules rondes et boucles à l'anglaise, tenant des guirlandes bleues, vêtues de bleu, entièrement bleues. Bleu comme les yeux d'Yvonne, bleu comme le goût d'avant, celui du XIXe pourtant si dur aux femmes. Yvonne était une femme terriblement bleue.

Nous préférons les portraits de famille. Au pastel, ma grand-mère juive en châle orange, mon père enfant en velours vert, au dessin, tous les autres, fusain, crayon, sanguine. Mon fils l'artiste a chopé une photo relique où je suis toute petite entre ma mère et ses parents avant qu'ils ne s'envolent en cendres en Pologne : ce n'est pas la relique qui se trouve sur le mur, mais un dessin de lui, un dessin très étrange. C'est moi, c'est elle, ce sont eux, avec nos vêtements, mais avec des têtes d'ours. Parents ours avec leurs deux oursonnes, ma mère et moi. Nous voici transformés en ancêtres mythiques, figures animales et passé sublimé.

Je me méfie des représentations du temps jadis, elles cachent des venins à retardement. J'ai gardé quatre lithographies de style romantique représentant les continents. Quand j'étais petite, elles m'attiraient tout en m'inquiétant, je ne savais pas pourquoi. De l'exotisme ? Pas suffisant. Et après mes voyages, à force de les regarder, j'ai compris.

Europe. Un gandin moustachu gratte de la guitare aux pieds de deux donzelles. L'une chante, les yeux au ciel, l'autre pose la tête sur l'épaule de sa compagne. Un peintre peint. Un sculpteur sculpte. Châle de cachemire bourgeois à l'époque des conquêtes coloniales, allure de bohème chic, personnages bobos dans le genre Louis-Philippe.

Asie. Vautré sur un divan, un enturbanné au bon sourire caresse sa favorite allongée pendant qu'une odalisque à genoux prépare le houka du maître.

Amérique. Protégés par deux trappeurs blancs

en toque de castor, trois Amérindiens joliment emplumés, un homme et deux femmes armés d'arcs et de flèches, contemplent le corps d'un tigre abattu. Oui, un tigre ! Et du Bengale, encore. À l'époque d'*Atala*, best-seller de Chateaubriand, on n'est pas regardant sur la géographie. Les trappeurs étant armés de longs fusils, on ne sait pas qui a tué le tigre, la flèche des Indiens ou les balles des Blancs.

Afrique. Sur un marché d'esclaves, un marchand maure regarde deux nègres transporter des ballots écrasants. Aucune femme, mais deux dromadaires côté cour.

C'est accablant. Il n'est pas impossible que ces gracieuses gravures m'aient donné dès l'enfance un premier aperçu de ce que les marxistes appellent « idéologie ». On mettait donc cela sur ses murs ! On avait cette vision-là du monde !

Oui. Et ce n'est pas fini. Dans l'Amérique des pavillons avec pelouse devant et aucune barrière, on a cette vision-là du monde aujourd'hui. Ensuite, de deux choses l'une. Ou l'on reste chez soi et l'on devient raciste, ou bien on se déplace. On va voir. On apprend que la France est considérée comme une petite ville d'Europe, comme il m'est arrivé de l'entendre au Penjab, que le tigre est un animal d'Asie, que les Amérindiens n'ont pas vraiment été protégés par les Blancs. Quant aux esclaves, la situation n'a pas beaucoup changé : il y a toujours quelque part des Africains pour porter des ballots, toujours quelque part des femmes esclaves d'enturbannés.

La première fois que j'ai vu un turban sur la tête d'un homme, j'ai ressenti une émotion profonde. C'était dans la ville d'Herat, en Afghanistan, non loin de la frontière avec l'Iran, bien avant qu'elle ne fût détruite par les guerres et les occupations. Jusqu'à la frontière iranienne, les maisons avaient l'électricité et les mollahs arboraient des turbans bien ficelés. Mais à Herat, l'homme au gros turban blanc noué à la va-comme-j'te-pousse brodait dans une échoppe, assis en tailleur sur un parquet de planches, à la lumière d'une lampe à pétrole. Notre petite bande eut soudain l'impression d'avoir changé de siècle. Comme au XIXe, disions-nous. Ou comme au Moyen Âge, allez. D'un coup firent irruption l'extrême dénuement, le manque d'équipements, l'inégalité entre lui et nous, mais aussi l'imagerie, la stupide poésie.

L'Afghanistan, il est vrai, recèle des trésors de romantisme propres à remuer les cœurs les plus endurcis. Par un torride après-midi d'août, d'un verger isolé sortit un grand vieillard avec le même turban solennel, noué à la va-comme-j'te-pousse ;

devant lui, il poussait une gamine qui portait sur la tête un plateau de raisins roses, pour nous les offrir. L'émotion de ces instants demeure inexplicable. Plus tard, en revenant à la maison, quand je revis sur le mur l'enturbanné pelotant sa sultane, je compris qu'une part de l'émotion venait de cette image, et du turban d'un type qu'une esclave va servir.

Mais, l'émotion, je m'en méfie. Elle n'apprend rien. Il faut rentrer en magasin les connaissances, déchiffrer les turbans, tous les turbans. Le noir des ayatollahs du chiisme, le blanc des mollahs, le lâché tortillé rouge et jaune des paysans du nord de l'Inde, le plissé bleu des sikhs, l'irisé pourpre des Touaregs du Mali, le très chic en jersey de Simone de Beauvoir. Et quand on a fini le tour du monde des turbans, seulement à ce moment, l'émotion peut revenir.

Je regarde le sultan qui représente l'Asie sur les gravures de ma chambre, et je vois un riche Turc amolli sur sa couche à l'époque où l'Empire ottoman entame son déclin. Pauvre diable ! Prisonnier de la vision rêvée de la politique française à l'époque romantique, il fait bizarrement signe aux images barbaresques que les Français, parfois, gardent de la Turquie à la veille des négociations pour son adhésion à l'Union européenne. Pas une seule image qui n'entraîne son monde, quelle que soit son époque. Pas une seule icône qui ne fasse réfléchir pourvu qu'on prenne le temps.

Ayant relégué la croix de la maison dans un coin écarté dont je suis la seule titulaire, j'ai fait de même avec la menora. Mi-juive, mi-chrétienne, la maison se faisait discrète sur ces questions. Jusqu'à l'arrivée de Tobie.

Débarquant pour trois semaines studieuses un vendredi avant le coucher du soleil, il apporta des kippas, un kiddoush, une bouteille de vin kascher et son Livre. Éberluée, la maison fournit les deux bougies et célébra son premier shabbat.

Après tout, il y a bien à Gennes, le bourg d'à côté, une rue aux Juifs qui monte à Saint-Eusèbe et, aux Rosiers, une rue des Juifs, venelle minuscule dont le nom est resté. De sorte que, ce jour-là, la maison se demanda dans quel endroit avait été bâtie la synagogue, car, si dans deux localités de part et d'autre du double pont suspendu, on trouve ces traces de communautés juives, il y avait bien une synagogue quelque part, non ?

Dieu seul sait où. En repartant, Tobie laissa la coupe de kiddoush et une kippa. L'année suivante, il fut nommé au Burundi en compagnie de sa femme Nathalie. Ça tiraillait dans tous les coins, les obus tombaient dans leur jardin. À leur retour en France, ils firent cadeau à la maison d'un fétiche du Congo à la tête ahurie.

Ainsi remplie d'objets venus des autres, prête à en accueillir chaque fois davantage, la maison n'est pas seulement cosmopolite, bizarre ou farfelue. C'est une diaspora à elle seule.

Épices des vivants et cuisines des morts

LA MAISON, la région, le port de Nantes et nous, nous sommes passionnés d'épices. Mon père ne me proposait pas de bonbons, mais des cornichons bien piquants, ou de petits piments. Des Flandres d'origine, la maison a gardé l'attrait des saveurs fortes. Très tôt, le curry fit son entrée dans la maison. Puis, la culture française s'ouvrant sur le monde extérieur, suivirent certains éléments du curry : curcuma, vadouvan, mélasse brune, cardamome, cette graine poivrée au goût d'éther qu'on appelle en hindi *elaichi*.

Malgré la proximité des voyages fluviaux, la cuisine angevine n'est pas épicée. Le beurre blanc triomphe. Nuage de brouillard pâle autour de son poisson. Généralement, brochet. Corps tacheté, gueule pointue, dents féroces.

Sale bête ! Avant de voir au Pantanal, dans les profondeurs des marais du Brésil, les piranhas déchiqueter leur proie vivante, j'aurais juré que le brochet mordait. C'est ce qu'il fait, mais en petit. Longtemps, le brochet fut la proie souveraine des prédateurs humains, pêcheurs aux cannes sophistiquées, levés tôt le matin, revenant à midi en tenant l'animal par la queue. Photo, court-bouillon, beurre blanc. Mais arêtes, en grand nombre. Inévitablement, une des arêtes courbes se calait dans un larynx. Pas de panique ! Mie de pain ! Enfin, l'arête s'assouplissait. On avait eu chaud. Répétitive, la scène se terminait toujours par le même juron. « Sacré bon sang de piscaille », ronchonnait une voix. C'était cela, le brochet. Espèce menacée dans les années 1960, il est en voie de recrudescence, mais je ne suis pas pressée.

La maison préfère la friture, goujons rayés, ablettes, poissons si petits que leur corps transparent laisse voir les organes internes. Les minuscules se mâchent en entier, arêtes comprises, les gardons surtout, dont les nageoires orange caramélisent. Plus belles encore sont les perches arc-en-ciel, au corps multicolore et à la chair bien ferme, délices des enfants quand la purée est bonne. Il paraît que la pêche est une activité. La maison adore ça. Moi, pas du tout. À les voir alignés, du plus grand au plus petit, parmi lesquels Titus lorgnant la ligne de flottaison, je vois des méditants, des espèces de bonzes au geste mesuré, muets ou chuchotants. La friture s'accroche à l'hameçon en supplément.

Le poisson-chat ne se pêche pas, il s'attrape. Noir, gluant, moustachu, bouche gonflée de collagène, ventre absolument jaune, le poisson-chat se cache sous les pierres. Poisson-chat ! Si gros qu'il a mangé le chat ? Ou bien un chat goinfré de poisson ? Un chat qui vit dans l'eau ? Un prince caché ? Enfant, j'adorais traquer le poisson-chat à la main, parce que ses épines pouvaient piquer. J'ignorais ses liens de famille avec le monstre énorme qu'on appelle silure ; j'ignorais le sens de ses arêtes, symbolique des Génies pour les Dogons du Mali. Quand un jeune Dogon veut épouser sa belle, il lui offre un silure : le silure renforcera l'enfant dans la matrice, car les jumeaux divins étaient, à l'aube des temps, ces sortes de poissons moustachus à grosse tête. Ne croyez pas que la belle, enceinte du garçon, acceptera d'emblée d'être sa femme. Qu'elle prenne le silure et accouche, c'est une chose ; qu'elle veuille le père pour époux en est une autre. Neuf ans sont nécessaires à l'épreuve. Dure affaire, et nombreux silures en perspective.

J'ai attrapé le poisson-chat et j'ai mangé sa chair en ignorant que je mangeais les dieux telle une fiancée dogon.

Les bons, les vrais pêcheurs ramènent de l'anguille. C'est la stabilité. Elle exista, elle existe, elle existera. Il suffit d'examiner sa gueule furieuse, ses dents miniatures, le jaune auprès des yeux : cela se voit, l'anguille est un monstre durable. D'ailleurs, il faut l'assommer. Même morte, elle se tord. Pour lui ôter la peau, il faut, par les ouïes, arracher et puis déshabiller, comme un lapin. Jusqu'au bout de sa queue, la vie frétille en elle ; et quand on la coupe en tronçons, elle s'agite. Elle est increvable. Je l'ai vue demi-nue sauter des mains qui l'écorchaient toute vive, et montrer ses dents. Devant une telle vitalité, les Japonais s'enchanteraient de la dévorer crue, mais en Anjou, non. On la fait en matelote.

Sans doute s'agit-il du seul plat survivant du commerce fluvial sur la Loire. Faire rôtir les tronçons d'anguille en cocotte avec des lardons ; prendre comme matière grasse du saindoux ; quand le tout est doré, flamber à l'eau-de-vie. Sur les bouillons de l'alcool qui s'éteint, verser une bouteille de vin rouge du coteau. Ajouter des petits oignons en quantité, du poivre du moulin, du sel, de la sauge et un bouquet garni. Laissez mijoter à feu doux vingt minutes. Dans la cocotte, rajouter des champignons de Paris, intégrer deux bonnes cuillerées à soupe de beurre manié, un peu de crème fraîche, saupoudrer de persil. Si l'on a bien dosé le poivre et les herbes, l'anguille a un goût d'épice et de voyage. Ce serpent n'est pas une mauvaise bête, au fond.

Tout le monde cuisine, ou presque : parmi les mâles célestes de la vieille garde, certains n'ont pas appris du tout. Mais, dans les jeunes générations, filles et garçons cuisinent à part égale. Les fourneaux sont conçus pour qu'on puisse cuisiner à deux ou trois, voire quatre ; ce sont des pianos. Il suffit d'atteindre un mètre cinquante, et la cuisine arrive à l'impétrant. Parfois, on se bouscule, on a chaud, les yeux piquent. Parfois, on manque son coup. La famille est sévère. On n'a pas le droit d'être mauvais. Sur ce point, la maison n'a aucune tolérance. Elle est gourmande, comme l'était Yvonne : on doit créer du savoureux ou rien.

La maison aime récolter les champignons. En septembre, on attend ; en octobre, on y est. Et, selon les années, on fricasse le cèpe cueilli sous les pins, la girolle, la trompette-de-la-mort, le pied-de-mouton. Mon père, suffisamment calé pour aller aux congrès de mycologie, fut un exceptionnel professeur. Il me fit découvrir des champignons d'encre, dégoulinants de noirceur ; des bleus sillonnés de mauve, ou des oronges ; des languettes de flamme, craquantes sous la dent.

À dix ans, dans les bois, première leçon :

comment identifier la mauvaise amanite, dite phalloïde.

— Ça veut dire quoi, phalloïde, dis, papa ?

— Elle tue, fais attention, ne te lèche pas les doigts.

— Mais phalloïde, c'est quoi au juste ?

— C'est à cause de son petit chapeau quand elle sort de terre. Tu vois, très blanc, et bien fermé.

Donc, phalloïde voulait dire qui porte un chapeau blanc mortel. Et strictement rien d'autre.

Encore, ce n'était rien à côté du grand satyre puant... Nom enchanteur ! Les satyres puants ne sont pas comestibles, mais, quand j'étais enfant, je les trouvais tous sans exception. Fiérote, je courais vers mon père, mon grand satyre puant à la main. Il riait ! Je les reconnaissais à l'odeur. Érotiques furent donc mes premiers pas mycologiques sans que j'en sache rien.

Quand mon père mourut, c'était en octobre. Après l'enterrement, il parut normal d'aller, pour la première fois sans lui, aux champignons. Seigneur ! Le bois s'était paré en l'honneur du défunt. Tous les champignons étaient au garde-à-vous, comme s'ils voulaient lui rendre un dernier hommage. Il y en avait tant que nous fîmes des bocaux, des guirlandes qui séchèrent. Mieux que toutes les fleurs des couronnes funéraires, les champignons honorèrent le mort avec éclat.

Les effets érotiques de la flouve odorante

LE VILLAGE où se tient la maison bénéficie d'un microclimat. Quel mot affreux ! On pourrait dire, voyons, aire privilégiée ou zone exceptionnelle... Non, microclimat.

Et fleurs à volonté.

Chaque jour, je consacre une bonne heure aux bouquets. Tailler les roses fanées au deuxième nœud de la tige. Convoiter le bouton qui sera prêt demain, rêver à la place qu'il prendra, au vase qui lui convient, à son emplacement dans la maison. Rafler la rose ouverte pour le plaisir, allez, tant pis, autant qu'elle finisse sa vie sous mes yeux. Piller les graminées, les hortensias quand ils parviennent enfin à l'état de fleurs vertes au moment où tout le monde les croit fanés, les fenouils en fleur, les têtes d'angéliques. Pour dénicher du bleu, dévaster les lavandes, les têtes d'artichauts, les chardons, et pour le jaune, chercher sur les talus les genêts. Cueillir des fleurs pour un bouquet est un viol.

Il y a des fleurs stupides, bégonia, pétunia. Il y a les agressives, les étrangleuses. En été, je les expulse avec hargne. Elles reviennent, et recommencent leur sale travail. En trois jours, elles s'enroulent. J'ai beau leur trancher la tête, elles tendent leurs tentacules pour étrangler leurs proies. À côté d'elles, le liseron est un modeste envahisseur. Je les maudis. Ce sont des hydres et je ne suis pas Hercule. Qui sont-elles ? Ah oui. Leurs noms. Glycine, bignonia, passiflore, chèvrefeuille. Par-dessus le marché, elles se payent le luxe de porter d'admirables fleurs.

La maison aime autant les bouquets que les aquarelles, exercices du même type en termes de composition, arrangements minutieux exigeant beaucoup d'eau. Nous n'en finissons pas de tailler le jardin avec un sentiment de triomphe et de honte, prêts à saccager en douce le buisson en ruinant le travail jardinier. Cet exercice n'étant pas l'apanage des filles, le cousin Jean-Marie n'hésite pas à châtrer les arbres fruitiers d'une branche réduite à fleurir dans un vase ; on aura moins de coings, mais on se rincera l'œil dans les pétales. Mon petit-fils Ben aime à décapiter les dahlias, il les croit éternels, ils revivront demain. Cet enfant qui chantonne murmure dans les bosquets, c'est un faune auquel la nature est soumise – du moins, c'est ce qu'il croit, il domine le monde en nous faisant la nique. L'âge des bouquets viendra plus tard.

Le plus harmonieux des bouquets demeurera inerte sans l'excitation qui le fait vivre. Quoi ? Un brin de désordre, un air penché, une fleur qui demande à être décoiffée, quelque chose de détruit à l'avance, de précaire. Personne n'en a mieux parlé qu'Honoré de Balzac, expert, il faut dire, en descriptions de sociétés décomposées.

Balzac ! Sans lui, je n'aurais pas écrit. Dans un autre village, non loin de la maison, se dresse une demeure simple et arrogante, flanquée de deux cyprès et d'un palmier très haut. Depuis que j'ai quatorze ans, cette maison m'attire. Quelqu'un, un jour, m'a dit que Balzac s'y était retiré pour écrire *La Femme de trente ans*. J'en ai très tôt conclu que le bord de la Loire est un lieu retiré où l'on écrit.

Balzac a consacré un roman aux bouquets, à l'amour qui s'y trame et à la mort qui couve. Le titre est une fleur, *Le Lys dans la vallée*.

Le Lys dans la vallée, on ne fait pas plus bêta. Extrait de la critique littéraire du *Vert-Vert*, en 1836 : « Après cela, il (M. de Balzac) pourra donner à sa *Chronique La renoncule sur la montagne*, *La tubéreuse dans le ravin*, *La capucine sur la fenêtre*, et lui livrer tous les trésors de son imagination fleurie. Il pourra de même continuer pour son recueil la série de légumes commencée par *La fleur des pois*, et y insérer *La tige des haricots verts*, *La feuille du chou de Bruxelles*, *Un cœur de romaine* et autres élucubrations potagères. La *Chronique* de Balzac deviendra de la sorte une véritable julienne, et les femmes de trente ans ne voudront pas d'autre potage. » Bigre !

Convenons que le nom de la propriété où se déroule l'histoire est une incitation au meurtre littéraire : Clochegourde, rien n'est plus tarte. Pourtant, c'est le plus lu des romans de Balzac, jusqu'à l'*unhappy end*.

Non loin de chez nous, à quelques longueurs de vol de héron cendré, se situe Clochegourde, en vérité, Candé. Monsieur de Mortsauf, nobliau triste, vivote avec une syphilis attrapée pendant l'émigration en errant dans les villes perverties d'Europe centrale, d'où il revint pour la restauration du roi Louis XVIII. Propriétaire du château, Blanche de Mortsauf, sa femme, est malheureuse et belle. L'histoire commence pendant les Cent Jours, dans un moment d'Histoire trouble et violent. Blanche sent dans son dos des lèvres la baiser. Elle se récrie : « Monsieur ! » et chasse le gamin – Félix est un enfant. Mais le coupable, chargé d'une obscure mission dans le Bocage vendéen, revient.

Ainsi commence *Le Lys dans la vallée*, traité d'amour courtois écrit à l'usage des nobles dans les temps de leur abaissement.

Blanche se laisse courtiser, main dans la main, mots doux, caresses, mais de pénétration, point. Elle lui offre en gage son vrai prénom, Henriette, et lui laisse les pelotages du cœur à volonté. Elle ne couchera pas. Félix fait des bouquets. À la croisée de la Loire et de l'Indre, il offre à son aimée la clématite en fruits, le fumeterre, le chèvrefeuille, la linaigrette, le cerfeuil sauvage, le pâturin des champs, jetés sur ses genoux comme autant de baisers, « tout ce que ces naïves créatures ont de plus échevelé, de plus déchiré, des flammes et des triples dards, des feuilles lancéolées, déchiquetées, des tiges tourmentées comme les désirs entortillés au fond de l'âme ». Sans oublier la flouve odorante, une herbe sans laquelle les bouquets de Félix n'ont pas leur harmonie.

Pour contourner la tentation, les amants platoniques ont la langue des bouquets. Elle fut, écrit Balzac, d'un grand secours « pour tromper la nature irritée par les longues contemplations de la personne aimée ». Et d'enchaîner sans fard – c'est Félix qui parle : « Ce fut pour moi, je n'ose dire pour elle, comme ces fissures par lesquelles jaillissent les eaux contenues dans un barrage invincible, et qui souvent empêchent un malheur en faisant une part à la nécessité. L'abstinence a des épuisements mortels... » Les bouquets jouent le rôle des turcies face à l'eau : petits barrages destinés à être fissurés en cas de grande crue extraordinaire. Sur le pantalon de l'amant s'étale la tache humide causée par l'odeur de flouve. Et elle, la dame-lys ? Comment jouit-elle ?

Elle le dira après sa mort.

Tout irait bien dans le monde des bouquets si l'amoureux Félix ne montait à Paris. La Dame de la vallée le laisse courir un peu, mais le jupon qu'il trouve dans la capitale est anglais, très snob, une lady. Madame de Mortsauf en meurt de jalousie. Dans une lettre posthume, Blanche-qui-s'appelle-Henriette exhale à l'amoureux la brûlure des baisers sur le dos qui lui ont ouvert l'âme – si, si, l'âme ! – ses fluides pour rien, ses mouillures tournant en cancer de l'estomac... Pauvre Iseut de campagne ! Quand commence ce nouveau traité d'amour courtois, Félix sillonne les bocages de l'Anjou pour achever d'éteindre les braises de la guerre civile. Fin de la Révolution : c'est la Restauration, l'ordre moral, la gêne des aristos, le fric des nouveaux riches, un supplice pour les femmes, qui, sans discontinuer, souffrent chez M. de Balzac.

Maudit XIXe siècle ! Les sentiments bourgeonnent, cela vous démange l'âme. Après les expéditions nocturnes en Vendée, les nobles sont rentrés au château. Peu d'héroïsme, sauf un. La duchesse de Berry, veuve du fils du roi assassiné dans un attentat en 1820, suscite huit ans plus tard un début d'enthousiasme en descendant la Loire à partir de Blois. De son mari défunt, elle a eu un enfant posthume, qu'elle nomme Henri V ; à Saumur, à Angers, elle est accueillie en reine. Il est vrai qu'elle est charmante, la jeune veuve ; simple, modeste, et belle. Elle ressemble à Colette, la femme de Jean Fraysse. À Vannes, elle s'avance entre les rangées de chouans aux longs cheveux gris. La belle histoire !

Elle me plaisait, cette jeune duchesse capable de chevaucher à contresens de notre histoire. C'était fichu d'avance, mais quel roman ! Lorsque le fils du régicide qui vota la mort de Louis XVI devient roi, la duchesse débarque à Marseille en 1832, déguisée en « Petit Pierre » et servie par de preux chevaliers. De là, elle remonte en Vendée, et constitue son gouvernement. Et puis rien ne se passe. La Vendée ne bouge plus. La duchesse vieillit.

Trois ans plus tard, en 1835, des mères tuent leurs enfants, les découpent en morceaux et les mangent au fin fond des campagnes. Un accès de cannibalisme comme on n'avait pas vu depuis longtemps. Le jeune Pierre Rivière massacre sa famille en croyant qu'il est Charlotte Corday. Le refoulé remonte, Terreur, chouannerie, guerres napoléoniennes, tout le sang versé entre 1792 et 1815 fait des taches sur les mains, des taches sur les cœurs. Et l'idée de Nation revient en tornade, barricades à l'appui. Est-elle vraiment finie, cette histoire qui saigna le pays si longtemps ?

Saumur, roman historique

À QUINZE KILOMÈTRES de la maison, il y a la ville, Saumur, qui résume ces conflits mieux qu'aucune ville en France.

Une sous-préfecture.

Sous-préfecture, le mot m'a enchantée quand j'ai eu quatorze ans, l'âge de lire, dans *La Petite Illustration*, les pièces de théâtre des années 1930, rangées en pile dans un grenier. Dans la poussière, j'ai trouvé *Intermezzo*, comédie d'avant-guerre écrite par Jean Giraudoux, dans laquelle un fonctionnaire des impôts célèbre avec lyrisme le charme des sous-préfectures où il sera nommé, un jour. Gap ou Bressuire ? Là se trouvait son Amérique, son rêve. Pour moi, c'était Saumur.

J'aurais dû me méfier de ce Giraudoux-là, cet amoureux transi des sous-préfectures, ce haut fonctionnaire qui flirta un peu trop avec les occupants pendant la mauvaise période. Il m'a fallu du temps pour me réhabituer au mot « sous-préfecture », pauvre mot innocent du vocabulaire administratif. Mais Saumur est aussi une ville militaire.

Comme ville de garnison, Saumur ressemble aux autres, parfait décor pour *Les Grandes Manœuvres*. L'École de cavalerie y trône en majesté. Les grilles peintes en bleu cobalt flambent neuf, et les manèges ont longtemps servi. Manège Marguerite, le nom reste inscrit sur le grand bâtiment. Génération après génération, les jeunes officiers venaient y apprendre l'art des chars et des barbes. Ayant été mariée à un normalien qui fit son service militaire à Saumur à la fin des années 1950, j'entendis parler plusieurs années des barbes, petits chevaux malins et difficiles, du moins pour intellos débutants. Difficiles, sans doute, les chevaux barbes, mais beaucoup moins dangereux que le canon d'un char qu'un maladroit de sa promotion dirigea par mégarde sur une église, dont il abîma le clocher en appuyant sur le mauvais bouton pendant les grandes manœuvres.

Une ville militaire, cela se sent. Il y avait des boutiques de bottes, d'uniformes, des officines de meubles vaguement antiquaires, de tissus pour rideaux – forcément, les épouses –, de vaisselles. Les familles circulaient en poussant les landaus. Le commandant de l'École donnait un bal annuel.

Jeune normalienne, j'y fus conviée, soir de trac, on est trop sérieux quand on a dix-neuf ans.

Les cavaliers du Cadre noir dansaient peu. Ces êtres de cheval qu'on ne voit nulle part ailleurs sont appelés les dieux, sans majuscules. Rose me disait souvent que, peut-être, son père aurait été un dieu de noir vêtu, mort prématurément sur un champ de courses. Rose, fille d'un dieu ! Cela ne m'étonnait pas. Même sans cheval, ces êtres n'ont pas l'air d'appartenir au genre humain. Dans les rues de Saumur, ils passaient à vélo, le dos droit, les bras tendus sur le cadre, leurs jambes arquées poussant les roues. D'un regard, on voyait que le vélocipède n'était pas leur moyen de locomotion préféré. À pied, ce n'était pas mieux. Les dieux marchaient dans les rues sans plaisir, malgré leur uniforme noir, leur minceur, leurs belles bottes. Ils n'étaient pas entiers. Leur manquait le cheval.

À mes yeux de gamine, la seule vie des dieux, leur moment, c'était le carrousel sur la place, en juillet. Certes, sur les gradins, on assistait à des acrobaties à moto, à des défilés de chars. Mais on n'y venait pas pour cela. On attendait les dieux du Cadre noir. Eau-de-vie, alcool pur. L'enceinte sacrée, sablée de frais, s'émeut à leur approche, ils arrivent, ils sont là. Seul sur le sable blond, droit sur son cheval, campé sur une selle amarante, le Grand Dieu salue, noir tricorne appuyé à la place du cœur. Ce geste, je ne peux pas l'oublier. Parfait prélude à la cérémonie, ce geste était pudique et sec, comme le Grand Dieu Georges Margot, sec et gracieux.

Quand la cérémonie commence, le divin apparaît. Qui est le dieu ? Le cheval ou l'homme ? Ni l'un ni l'autre. Le dieu est l'instant de grâce où les deux se confondent. Voilà pourquoi, lorsqu'ils font de la marche ou du vélo, les dieux du Cadre noir n'existent qu'à demi. Il m'arrive de penser que ma passion pour les divinités du monde entier trouve sa raison d'être dans l'enceinte sablée où vivent les dieux en noir.

Petite, je voyais Saumur comme Avignon, l'une de ces villes si vieilles que, le long des églises, les rues sentent l'urine et que la peste y rôde, car les pierres étaient noires et les villes, abîmées. Vieillerie, délabrement, désastre de l'après-guerre. Les maisons écroulées dont le tuffeau noirci s'émiettait furent remises à neuf : au début, du crépi, ensuite, du vrai tuffeau. Portes repeintes, les hôtels particuliers renaissent. On a même rénové l'antique Maison des anges, dont chaque croisée comporte un angelot en vigie. Ce n'est plus la même ville.

Sur la place de l'église Saint-Pierre se tient un marché en plein air le samedi matin. Sous les bâches tendues, on trouve aussi les produits venus par camion d'Espagne et du Maroc, comme au supermarché, avec quelques variantes : vraies mandarines à peau odorante, fruits confits de Provence, calissons en vrac. Mais ce qu'on voit surtout, c'est la Cocagne. L'incroyable fertilité de la plaine maraîchère, produit des alluvions déposées par la Loire. Six mois de rang, voici les framboises, les fraises, myrtilles, mûres et cassis de Mariella Baron, confiturière et documentaliste. Sans doute cette formation prédisposait à l'inventivité : melon-pastis, pommes-châtaignes, poires-armagnac. Portant bravement une large casquette sur son crâne rasé quand elle en avait marre des perruques, elle avait le plus beau sourire du monde. Je ne connaissais personne d'aussi jeune et d'aussi courageux. Et depuis qu'elle n'est plus, le marché a perdu de son charme.

Pains, confitures, rillons, pigeons, tomates, fleurs, herbes, tout est d'ici ; quand il n'y a pas d'épizootie, quand on ne confine pas les volailles, les poussins piaillent sous les grillages, les canetons dispersent fientes et duvets d'or sur les pavés. Leur odeur tiède et crue s'en va jusqu'à la Loire où elle se dissout dans le parfum de vase. Sous l'influence de Gérard Girardeau, génie du pied de cochon, une coutume est née voici quatre ou cinq ans : la Grande Tablée, qui se tient en été sur les quais de Saumur. Commencée à cinquante couverts, elle en compta cinq mille en 2005. Vastes tables à nappes à carreaux, orchestres, chansons, ripailles. Le tout a l'air d'un film, et l'on verrait débouler Athos ou d'Artagnan qu'on n'en serait pas surpris outre mesure.

Saumur est un roman historique. Les ruelles tournant autour de l'église Saint-Pierre, les échappées du ciel derrière les tourelles, la pisse des chiens sur le tuffeau au coin des rues, l'air désœuvré des cariatides, les talus sur les rives, les barques noires, le gué romain, visible quand la Loire est basse en été, les chevaux de l'École de cavalerie, tout est de cape et d'épée. Loin des humeurs du genre Clochegourde, voici l'Anjou musclé d'Alexandre Dumas.

Balzac et Dumas, chacun à sa manière, romancent le déclin de la Loire, sa perte d'influence, le trafic ralenti, la décadence des nobles, la fin des guerres de Vendée. Un troisième s'y essaya vainement, Prosper Mérimée, avec la *Chronique du règne de Charles IX*. Roman boiteux, où l'amour tricote avec le masque une bluette convenue pendant que l'on s'étripe à La Rochelle ; on s'ennuie à périr et la Loire n'y est pas.

Tandis qu'avec Dumas, bon sang de bonsoir ! La série qui commence par *La Dame de Montsoreau* et s'achève avec *Les Quarante-Cinq* en passant par Paris avec *La Reine Margot* s'en retourne en Anjou comme l'oiseau au nid. Il y fait chaud, ça pue, la charogne n'est pas loin. On est au XVIe siècle, creuset de toutes les guerres. Grand Veneur du royaume, M. de Montsoreau épouse de force Diane de Méridor, la retient prisonnière sur le bord de la Loire, conspire avec le frère du roi, l'affreux duc d'Anjou. Les épées sont tirées, les morts s'entassent et parmi les premiers, Bussy, l'amant de la belle Diane. Inconsolable, elle se fera justice quelques volumes plus tard, assassinant l'infâme duc d'Anjou avec un poison dispersé sur une rose, un gant, un petit couteau d'or qui coupe une pêche en deux – je n'ai jamais coupé une pêche bien mûre sans songer au petit couteau d'or de Diane la vengeresse. C'est un feuilleton noir et sublime où les beaux finissent morts et les vilains, vainqueurs, une épopée de crimes et de sang sur les pierres, une traversée des guerres de Religion.

Alexandre Dumas connaissait bien l'Europe et son histoire. Il aimait la Hollande – il écrivit aussi *La Tulipe noire*. Le cycle de Montsoreau s'achève avec des digues rompues par des inondations qui submergent les terres hollandaises. Vagues, flots furieux, chevaux noyés. La plume de Dumas traque le duc d'Anjou jusqu'en Hollande, ce pays protestant où vont germer les graines des persécutions qui, plus tard, chasseront les Van Voorn trop catholiques et les rabattront sur la Loire, ce refuge. La chair et le sang de Dumas, ce sont les guerres de Religion qui éclatent et dévastent Paris avant d'infester la France et l'Europe. Vers la fin du siècle dernier, on sut qu'en Europe les guerres de Religion avaient recommencé. Bosnie, Croatie, Kosovo.

Un artiste génial eut le pressentiment de la profonde analogie entre la Yougoslavie du XXe siècle et la France du XVIe : Patrice Chéreau. Avec quelques années d'avance sur l'Histoire, il voulut à tout prix tourner *La Reine Margot*, sans rien nous épargner de ces cadavres blêmes, figurants de cinéma qui apparurent ensuite, terriblement réels et terriblement morts, sur nos écrans au 20 heures, tués pour de vrai dans les guerres des Balkans. Quel rapport, disait-on, entre le metteur en scène incomparable qui traitait Marivaux, Wagner et Mozart avec le même talent, et *La Reine Margot*, ce roman foutraque d'Alexandre Dumas ? Eh bien, les guerres de Religion. Les dagues, les épées, les arquebuses du film renvoient au XVIe siècle, mais les adolescents qui s'entretuent au nom du même Dieu et gisent, dénudés, sur les pavés des villes, sont du XXe siècle pareillement.

Mais la chasse du roi courant à l'aube sur

l'étang, oh, cela, c'est la Loire sorcière, et ses brumes. Patrice Chéreau est né à quelques kilomètres de la maison. Ne pas se demander pourquoi Chéreau voulut filmer *La Reine Margot* : petit, il l'avait lue sur les bords de la Loire et il avait senti, quand l'œil cavalcadait dans les pages de Dumas, le fantôme des guerres du XXe siècle.

Merveilleuses sorcières

QUARANTE degrés à l'ombre. Le fleuve semble couler au ralenti. Les sons, comme les humains, s'étouffent. Passé huit heures du matin, les hérons ne se risquent plus sur les grèves. Ils préfèrent les rejoindre au coucher du soleil pour prendre les poissons qui, manquant d'oxygène, sautent en bonds hors de l'eau – c'est ce que je me dis. Seuls les enfants jouent sur le sable, increvables. Quand le vent se lève, les voiliers s'élancent, mais vite, leurs voiles s'affalent. Plus de souffle. Les voici prisonniers du fleuve si bleu, si lent.

Dans les pays très chauds, on est préparé à l'anéantissement provoqué par le soleil extrême. On a des éventails, on boit de l'eau salée, des citronnades au piment, on sait quoi faire. On ouvre un livre et l'on succombe au sommeil de la sieste.

Puisque la raison dort, les sorcières peuvent faire leur entrée – c'est connu.

Le long de la maison se trouve une rue creuse, que, pour cette raison, on nomme Creuse Rue. Quand j'étais petite, y habitait un vieux pêcheur un peu ours, le père Herry, dont les sabots raclaient les pierres sur le chemin quand il partait pêcher aux petites heures de la nuit. C'était assez pour terrifier la maison, et lui insuffler l'air mauvais des sorciers. J'étais grandement adulte quand, une nuit en été, je restai seule dans la maison. Le père Herry sabota dès quatre heures du matin, et je ne dormis pas, tellement j'avais peur. Ce raclement de pieds traînant dans la Creuse Rue avait quelque chose d'infernal. Pauvre vieux bonhomme ! Il avait une compagne, dans un temps où le concubinage ne sentait pas franchement bon. On l'appelait la mère Huchette. Couple admirable ! Père Herry, mère Huchette. Ils étaient aussi sorciers que vous et moi.

Mais le nom de la ruelle, à lui seul, suffisait. Creuse Rue, s'enfonçant dans le touffu des bois. À l'issue du chemin, loin de la Loire, habitait une vieille femme toujours de rouge vêtue. Elle était un peu dingue, pas très soignée, mal embouchée. Mon imagination dédaignant la pauvre mère Huchette, l'accoupla avec le père Herry. Sorcier-Sorcière !

Mais un bougon et une malheureuse ne font pas de bons et vrais sorciers. Non, un vrai sorcier tient sa maison fort propre et reçoit dignement, sur rendez-vous. Nous avons ces personnages modernes en magasin. Les bords de Loire sont fertiles en « dormeuses » : ce sont des devineresses qui dorment sur vos questions, écrites sur des papiers enfouis sous l'oreiller. Au réveil, la dormeuse connaît les réponses aux questions. Excellent pour les douleurs de dos, les maux d'âme, les tourments des muscles dont, le plus palpitant, le cœur.

On sait fort peu de chose sur la pythie de Delphes qui rendait l'oracle au temple d'Apollon. Toutefois, on se doute qu'elle était en transe, peut-être à cause de fumigations d'herbes sous le fameux trépied, ou par des percussions, ou encore par une position spéciale d'équilibre sur ses gros orteils – en Inde, j'ai vu une pythie accéder à la transe divinatoire en se perchant sur les gros orteils. Les dormeuses de Loire ne sont pas dans ce genre de transe. Maintenant, allez savoir. De quel sommeil dorment les dormeuses, au juste ? La frontière de la transe est extrêmement poreuse. C'est lorsque la dormeuse réveillée transmet ses divinations qu'elle œuvre en thérapeute, en cultivant l'esprit. Il en va des dormeuses comme des sorcières : elles soignent avec de la parole et quelques adjuvants du genre placebo, à base de boissons herbées ou pommades. L'ethnologie française des années 1970 établit, grâce au livre fameux de Jeanne Favret-Saada, *Les Mots, la Mort, les Sorts*, la persistance de régions sorcières au beau pays de France. Parce qu'il montre bien qu'avec des mots on tue, c'est un de mes livres de référence, classé dans la catégorie de ceux qui m'ont suivie en Inde et en Afrique.

Qui envoûte ? Le voisin. Qu'envoûte-t-il ? Vaches, veaux et humains. La personne en charge du désenvoûtement doit avoir le « sang fort », c'est-à-dire plus puissant que l'autre. Ensuite, c'est une affaire de rapports de force entre sangs, assortis d'ordalies bénignes, tenues secrètes, comme en Afrique. Selon Jeanne Saada, qui suivit en même temps une cure de psychanalyse à Paris et une cure de « désorcellement » à Fougères, les deux pratiques sont de la même famille. Dans les deux cas, l'esprit des mots est en jeu.

Pour qu'existe une région de sorcellerie, il faut qu'y aient eu lieu de très nombreux trafics clandestins. Ce fut le cas des faux sauniers qui trafiquaient le sel en contrebande en Mayenne, au Berry. C'est un peu loin de la maison. Mais un fleuve, ça trafique par définition. La preuve ? Parmi les héroïnes de la chouannerie, l'une des plus fameuses fut Marion Lardeux, fille de faux saunier, habituée à vivre en contrebande. Chouannerie, sorcellerie, sainteté, même histoire. Et depuis Jeanne d'Arc, on sait que sainte et sorcière, c'est pareil. Ça vit la nuit, ça aime l'ombre et quand ça sort au grand jour, ça se grille. C'est ainsi que dans l'ouest de la France, sorciers et sorcières pratiquent couramment l'art du désenvoûtement.

À la pleine époque du féminisme des années 1970, j'écrivis avec Hélène Cixous *La Jeune Née*. Elle parlait d'écriture et moi, des sorcières. Le livre s'achevait par un dialogue qui montrait la parenté profonde entre l'écriture et la sorcellerie, et leur utilité pour libérer les femmes. Pour moi, je n'avais pas l'impression d'innover. En écrivant *La Sorcière*, son chef-d'œuvre, Michelet avait déjà décrit comment la sorcellerie médiévale devint le seul moyen qu'avaient trouvé les femmes pour se désengager de la grande misère, des châtelains, des curés qui les y maintenaient.

Je crois que la Creuse Rue venait de Michelet et que les frondaisons qui la rendent si sombre m'inoculèrent très tôt la passion des sorcières. Leur noirceur apparente, leur liberté, m'enchantent. J'en ai tout un fourniment. Iseut, Guenièvre, Mélusine. Femmes obscures et puissantes, dont Aliénor d'Aquitaine est le cœur.

Iseut, c'est l'étrangère ; pis, c'est l'ennemie. Venu la conquérir pour son oncle le roi Marc,

Tristan tue son fiancé, mais Tristan est blessé. Iseut le soigne sans savoir qu'il est l'assassin du fiancé. Évidemment, quand elle l'apprend, elle est remplie de haine. Trop tard ! Les voilà partis pour la Bretagne. Schéma traditionnel de l'enlèvement de la fiancée par un jeune homme au nom d'un homme plus vieux. À un détail près, tout est en ordre.

Iseut est le détail : c'est une sorcière. C'est donc elle la coupable. Qui, sauf une sorcière, aurait l'audace de consommer l'inceste avec son neveu par alliance ? C'était un cas d'excommunication. Or justement, à l'époque où naquit le mythe de Tristan et Iseut, il y eut une reine incestueuse au XIIIe siècle, une vraie femme qui n'avait rien d'imaginaire. Et qui fut la sorcière accusée de consommer l'inceste avec son oncle, Raymond de Poitiers, en pleine croisade, au Levant ? Aliénor d'Aquitaine.

Guenièvre est l'épouse d'Arthur, qui préside la Table ronde. Comme son compère le roi Marc, le roi Arthur est étrangement passif, souffrant d'être cocu sans jamais se fâcher. Entre la reine Guenièvre et Lancelot du lac, l'amour-sorcière éclate, non sanctionné. La Dame, lieu d'amour supposé, est le pivot du dispositif des hommes qui jouent autour. Le jeu est très précis. L'amoureux chevalier doit partager le lit de la Reine, découvrir son corps nu, le caresser, la faire jouir. Jamais la pénétrer.

Tout, sauf la procréation qui perturberait la royale généalogie. Lorsque Chrétien de Troyes écrivit *Lancelot*, il vivait à la cour de Poitiers. Aliénor d'Aquitaine y fut reine d'amour en 1170.

Ma troisième sorcière, Mélusine du Poitou, est une femme-poissonne de nature divine. On ne compte plus les déesses qui, pour l'amour d'un mortel, s'incarnent et doivent se cacher du regard de leur époux, et pour cause : ce jour-là, la déesse retrouve sa peau divine, et son allure de monstre charmant, mais étrange. Chaque samedi, Mélusine trempait sa queue poissonne dans un baquet. Un samedi que Mélusine baignait sa nature de sirène, elle fut surprise par Raimondin de Lusignan, son mortel époux, en dépit de l'interdiction qu'elle avait formulée. Hélas ! La poissonne s'envola avec des hurlements de douleur.

Ne jamais chercher à savoir ce que fait son épouse un samedi, jour de sabbat. Une sorcière est bonne pour les humains sous condition d'être libre d'agir secrètement : chaque fois que Mélusine baignait sa queue de carpe, surgissait du sol une abbaye. Tous les samedis. Devenue vieille, parce qu'elle avait commis d'innombrables péchés, adultères et meurtres, Aliénor d'Aquitaine fit surgir d'innombrables abbayes.

Et puis il y eut Jeanne par ici. Une sorcière en plus, la plus jeune, la plus sainte.

À quelques lieues de la maison, à Trèves-Cunault, se dresse une tour ronde crénelée où l'on dit que la sainte coucha une nuit. Chinon n'étant pas loin, de château en château, on se renvoie Jeanne d'Arc, qui est passée ici, qui passera par là. Je m'en suis toujours moquée éperdument. Jusqu'au jour où, surprise ! On me demanda de prononcer le discours solennel de l'an 2000 commémorant la mort de Jeanne au bûcher, sur la grand-place de Rouen. Moi ? Oui, vous. Acceptez-vous ?

J'ai dit oui. Quelle folie ! Comment m'orienter ? Points de repère, la Loire et, sur la Loire, Chinon, dans la région voisine. Ce n'était pas grand-chose, mais ce n'était pas rien. Curieusement, à mesure que je lisais des ouvrages sur Jeanne d'Arc, je me voyais, gamine, faisant le clown à vélo avec les cousines sur une route minuscule, allez savoir pourquoi cela me revenait. De lecture en lecture, je faisais connaissance avec cette drôle de fille habillée en garçon, cet étrange travesti canonisé par Rome. Je regardai la tour de Trèves différemment et, pour la première fois, mon esprit y entra.

Elle est là. Jeanne a dépouillé sa robe de drap rouge et ses cheveux châtains sont très courts. Cheminant vers Chinon et s'arrêtant à Trèves, elle n'a rien encore de ses signes de guerre : ni l'étendard peinturluré aux armes de Jésus et Marie, ni l'épée, ni la petite hache au côté. Non reconnue, très agaçante, Jeanne n'est qu'une fille en habit masculin, qui dort toujours dans la chambre d'une femme, et prie le reste du temps. Si elle dormit à Trèves, ce fut gardée par une femme, en priant dans une chambre au sommet de la tour.

Au siège d'Orléans, un Anglais la traite de putain ; elle pleure. Après la bataille, elle pleure. En attendant de rencontrer le Dauphin, elle pleure. Des mystiques, Jeanne a tous les attributs, dont celui-là, majeur, le don des larmes. Pleura-t-elle derrière les murs de la tour de Trèves dans la chambre qu'elle partageait avec la dame du château ? Si elle y coucha, oui. Chaque fois que je passe devant la tour de Trèves, j'imagine la petite laissant couler ses larmes en regardant la Loire qu'elle voit de sa fenêtre. À ses pieds, devant l'église romane, s'étend un verger de pommiers plantés sur un champ dont les années n'ont en rien altéré le vert d'une herbe éternellement fraîche, même quand il fait très sec, même quand la Loire n'est plus qu'un filet d'eau courant dans une sorte d'oued. Ce fleuve irrégulier, herbeux, troué de sables, comme il est dérangeant pour une fille de la Meuse !

Jeanne refusa les haquenées, montures pour femmes, et accepta le destrier, énorme animal que lui offrit le duc d'Alençon à Chinon. Il paraît que c'était une affaire incroyable, maîtriser un destrier quand on est une jeune fille. Je songeai au cycle du Graal, à mes chers Lancelot, Gauvain, Guenièvre, aux mésaventures des Dames dans les forêts hantées par les Pucelles, bonnes ou mauvaises filles chargées de mystérieux pouvoirs, comme la mère Huchette dans la Creuse Rue.

Pucelles ? Le mot demande de l'attention.

Ce sont, dans le roman courtois, des garces. D'une voix assassine, elles donnent des instructions pour des épreuves absurdes. Elles sont mignonnes, pincées, souriantes, des chipies. L'épreuve accomplie, elles s'ouvrent. Un peu. Pucelle, le mot de passe. Normal ! Sur une Pucelle, le Malin ne peut rien. Cela mérite d'être vérifié, et sur Jeanne, on vérifia, au doigt. Pucelage intact. Jeanne était la Pucelle, mais qui était la Dame du roman ?

Dans les romans de chevalerie, on trouve toujours une reine traîtresse qu'on appelle en latin la *Domina*, un prince soupçonné de bâtardise, un roi impuissant comme le roi Arthur, et un merveilleux chevalier chargé de sauver la situation. Dans le réel historique, à l'époque où Jeanne reconnaît le Dauphin, on trouve, en traîtresse, Isabeau de Bavière, reine de France ; en prince soupçonné de bâtardise, le Dauphin, dont sa mère affirme qu'il n'est pas fils de roi ; en roi impuissant, Charles VI, pauvre fou à l'esprit dérangé.

Et, en chevalier merveilleux sauvant la situation, on trouve Jeanne.

Pour la récompenser, son roi lui donne une maison, des serviteurs et une cape d'or. C'est fini. Elle se fait attraper par sa cape dorée et un soldat la met « toute plate à terre ». Fallait pas, Colinette ! Fallait pas accepter la cape d'or. La bonne Pucelle devient mauvaise Pucelle, une sorcière, un travelo. J'aime cette fille mystique qui se libère en s'habillant garçon et en meurt.

Derrière les coteaux plantés de vignes, commencent les bois de pins dégingandés, mal implantés dans du sable roux. Les aiguilles tombées craquent sous les pas et peuvent s'enflammer à tout moment. Les ajoncs sont crochus, juchés sur les montées sablonneuses à l'écart ; je ne les aime pas. Ils ont des gueules de chevaliers de mauvais feuilleton télé fantastique, des allures à héberger des morts-vivants. Pas question de les approcher. Mais que leurs fleurs sont belles ! Papillons jaune d'or. On sent qu'ils pourraient s'envoler en poussant des cris de mandragore, quittant leurs tiges hargneuses pour un vol agressif. Les ajoncs sont buissons pour sorcières au bord de l'étang, non loin des pierres dressées, dolmens et menhirs, veinés de rose.

Il suffit d'un orage menaçant sur la lande, et

d'un rai de soleil un peu glauque pour sentir le parfum des ensorceleuses : excréments d'écureuil, crottes de mouches, miel chaud, senteur pourrie et voici !

Le bolet de Satan surgit, là, dans le sable. Sous les marques des pouces, la chair jaune vire au bleu violent. On n'en pourra rien faire, sinon renifler au bout des doigts une vague odeur de sperme. Pas étonnant qu'au XVe siècle on ait, dans la région, vénéré une fille habillée en garçon, les cheveux coupés court.

Morte de trac sous une pluie battante, j'ai prononcé mon discours sur Jeanne d'Arc sur la grand-place de Rouen. On ne m'avait pas dit qu'il me faudrait aussi allumer le bûcher avec une grande épée, si lourde que je ne pus la soulever toute seule. Une épée, pour allumer un feu !

Prodiges de l'électronique : au bout de l'épée, un briquet invisible faisait le travail. La flamme s'alluma. Puis, en procession, nous allâmes jeter des fleurs au fleuve, sur la Seine. Là, je me sentais bien. Jeter des fleurs au fleuve, entre la Loire et le Gange, j'aurai fait cela toute ma vie.

C'est dans les ajoncs secs sous les pins menaçants que me revient Aliénor, une fois de plus. Encore ! Mais qu'est-ce qu'elle fait là ? Dans les ajoncs, maintenant ?

Je l'ai connue gisante dans ma petite enfance, quand on m'emmenait en visite à l'abbaye de Fontevrault. Aujourd'hui, cet ensemble comprend une église, des cloîtres, des couvents, des jardins d'herboristerie médiévale, des salles d'exposition et de concerts, bon. Dans les années 1950, quand j'avais une dizaine d'années, il y avait l'abbaye et il y avait le bagne.

Oui, le bagne ! Et quand nous allions voir l'abbaye, j'étais tétanisée par la vue des bagnards qui circulaient dans l'enceinte, enchaînés, traînant leurs boulets aux pieds. On me disait « Ne les regarde pas. Avance ! ». Tu parles. Qui pourrait obéir à cet ordre ? Je zyeutais. En 1960, ils disparurent, sur ordre d'André Malraux. Commença le destin chaotique d'une institution culturelle qui n'a pas encore trouvé sa grandeur.

Aliénor d'Aquitaine repose dans l'abbaye. Cette dame de craie m'indifférait et, de toute façon, que peut comprendre un enfant qu'on met devant un gisant ? Ce n'était pas une morte et ça y ressemblait. Une reine de France et d'Angleterre, cette statue couchée ?

Je n'ai pas un amour forcené des vieilles pierres, ce n'est donc pas cela qui m'a ramenée à elle. Le goût moyenâgeux ne m'intéresse guère ; je déteste, dans les boutiques qu'on voit en Bretagne du côté de la forêt de Brocéliande, les épées New Age, hennins, sortilèges, dragons et lutins. Et cependant, Aliénor d'Aquitaine s'étant désormais insinuée dans ma vie, il faut qu'elle en ait trouvé les chemins.

Le premier chemin vient de Georges Duby, qui avait une façon admirable de décrire les Dames du XIIe siècle en les dépouillant de leurs hardes courtoises, faux-semblants fabriqués par une société d'hommes. Adieu romans. Sous sa plume, une femme comme Aliénor prenait une vraie dimension politique et franchement, en France, on manque tellement de femmes en politique que, même du XIIe siècle, cette reine peut encore servir.

Le deuxième chemin vient des Anglais qui hantent la région l'été. Voici quelques années, les Royals d'Angleterre réclamèrent les gisants Plantagenêts. Il ne fut pas donné suite à leur requête. Il n'aurait plus manqué que cela ! Anglaise, Aliénor ? Elle aurait hurlé ! Au XIIe siècle, elle œuvra toute sa vie pour unifier tant bien que mal le Poitou, l'Anjou, l'Aquitaine, la Normandie, la France et l'Angleterre. À Londres, on parlait aussi bien le français normand que l'anglais, et tous les souverains d'Europe parlaient français. Chacun des duchés, comtés, ou baronnies avait sa propre langue, dite aujourd'hui patois. Deux siècles plus tard, la langue était encore si mal établie que Jeanne d'Arc put moquer un noble à cause du mauvais français qu'il parlait.

Il était si peu question de peuples qu'Aliénor passa de la couronne de France à celle d'Angleterre en épousant le comte d'Anjou, Henri II Plantagenêt, seigneur des turcies de la Loire. Parlera-t-on d'un seul peuple quand ses rois se déchirent pour des affaires de sexe, de terres, de richesses, au nom de la colère de Dieu ? Parlera-t-on de peuple quand la voix des poètes courtois vient des Maures andalous, traverse les frontières, s'en va en Allemagne et circule, comme le sang ? Parlera-t-on de peuple alors qu'un peu plus tard une fille de Lorraine ira jusqu'à Chinon débusquer l'héritier d'un trône confisqué ?

C'est à Saumur qu'Henri II Plantagenêt, roi d'Angleterre, tient sa dernière cour de Noël, c'est à Chinon qu'il meurt. Richard Cœur de Lion, roi d'Angleterre, meurt à Fontevrault, en Anjou. Ils furent des soudards attachants. Il y a loin d'un pays à ces gens qui n'avaient pas de peuples, mais des vassaux, des serfs et des sujets. Qu'était un roi au XIIe siècle ? Un chef de bandes armées, qui déplaçait sa cour, se posait quelques mois dans une de ses cités pour arbitrer, tenir, surveiller, parader, régaler avant de repartir poser sa cour ailleurs, dans une autre cité où commençaient les troubles. Une reine chevauchait, Aliénor chevaucha. Voilà qui m'aurait plu.

Pour un oui ou pour un non, il fallait mater une révolte, sanctionner, comploter, ficeler une alliance, ou partir en croisade, ou bien à Saint-Jacques-de-Compostelle, faire repentance pour ses fautes en public, assurer l'intendance, nourrir les soldats, se tenir debout et sourire... Un métier épuisant ; on n'y survivait guère. On mourait plutôt jeune lorsqu'on était roi. Elle, non.

Quand Richard Cœur de Lion, son fils bien-aimé, mourut d'une flèche en France, Aliénor recueillit son dernier soupir. Veuve du mari qui l'avait enfermée, elle était enfin libre, la vieille dame. Comme elle l'avait aimé, pourtant, ce mari-là ! Elle survécut, acharnée à réunir les terres que lui disputaient l'Anglais et le Français. Dans sa longue vie, elle n'eut qu'un seul point fixe, Fontevrault. Une abbaye que, très jeune, elle dota. Elle s'y retira, et puis elle y mourut. C'est là qu'elle repose, sous la haute nef en tuffeau.

Le tuffeau est un calcaire couleur crème de lait, si tendre qu'il s'effrite quand l'âge le ronge. La peau de cette pierre est douce au toucher, vivante, un peu poudrée, laissant sur la paume un léger voile blanc. Sur la Loire entre Nantes et Tours, le tuffeau règne. C'est une pierre phénix : quand elle est morte, on l'enlève, on taille à sa place une forme achevée, qui vieillit à son tour et s'adoucit. En cinq ans, le tuffeau a l'air d'avoir un siècle ; il se dore. Rongé, il est encore beau : il devient gris, se creuse, se gonfle de trous étranges, semble vous dire « j'ai mal, je souffre, mais je survis » et attend, sans reproche, mort et résurrection.

Le gisant d'Aliénor est en tuffeau. Ni l'âge ni la pluie n'entament la fraîcheur de ses traits juvéniles. Le rond visage au menton abondant, la petite bouche, les yeux étirés... Aliénor se drape dans son manteau bleu, couchée sur un lit rouge sang. Son fils Richard est là, en dalmatique. Henri Plantagenêt également. À les voir, on jurerait une famille unie : deux époux et leur fils Cœur de Lion. Ils sont si calmes en tuffeau !

Cette reine incestueuse repose au côté d'un époux qui la mit en prison. Ce fils rebelle repose près d'un père haï. On leur doit la geste de la rançon de Richard Cœur de Lion, les poèmes de Bernard de Ventadour, l'unité d'une partie de la France aux couleurs d'Angleterre, de nombreux bâtiments, abbayes, monastères et couvents, durables pénitences pour meurtres, complots, tueurs de passage, prisons, sanglots. Ajoncs.

Aliénor vécut quatre-vingt-deux ans, l'âge d'une

pierre de tuffeau. C'est à peu près à cet âge-là que mourut ma grand-mère Yvonne. Il m'aura fallu tout ce temps pour comprendre qu'Aliénor, c'est elle. Fée et sorcière, sorcière et fée.

Yvonne tenant sa cour, Yvonne réunifiant, Yvonne, dure comme le roc mais fragile, s'émiettant sous le choc. Yvonne, petite bouche et menton abondant, Yvonne qui revit dans ma fille Cécile, harmonieuse synthèse entre le menton rond et les hautes pommettes juives héritées du Caucase, tendre comme le tuffeau, petite sorcière et fée.

C'est un bonheur qui n'en finit jamais : chacun de mes enfants réincarne à merveille l'âme d'un ancêtre ayant habité la maison. Ce n'est pas rare, je sais, quand les petits grandissent, de pouvoir suivre à la trace les réminiscences des parents disparus qui apparaissent un jour et puis soudain s'effacent, cédant la place à l'âme d'un autre ancêtre qui éprouve le besoin de se faire reconnaître. Les Africains en savent plus long que nous : chez eux, quand on est mort, c'est ainsi qu'on revit, dans ses réincarnants. Et c'est universel. Une vraie maison mère sait ficeler les ancêtres et les convoquer en temps voulu, attention, c'est ton tour, à toi, entre en scène !

Prodigieusement semblable à son ancêtre juive disparue à Auschwitz, ma fille a hérité l'autorité d'Yvonne, son génie des espaces, son talent diabolique à traiter la matière, sa façon de mettre le monde à sa main – et aussi ses coups de gueule et ses sourcils froncés. Mon fils Michel ressemble en tout point à mon père, qui l'a élu comme réincarnant : à eux, l'amour du dessin, l'œil bleu myope, la tendresse réservée, l'ironie, la fêlure de l'art, l'obstination et la passion – et aussi l'esquive du papillon, les rognes cachées. Mais je suis bien tranquille. Il y a d'autres lignées dans une procréation, il y a un père, une mère, et de quoi composer. Un de ces quatre matins, d'autres ancêtres apparaîtront. La vie est faite de cela, il n'y a pas de raison.

À sa naissance, Jérôme, mon frère, fut un enfant souffrant de mille maux. À l'évidence, il incarnait sur sa peau, dans son souffle, nos grands-parents qui venaient de mourir juste avant sa venue au monde. Adolescent, il a été longtemps le réincarnant de Georges, notre grand-père juif, pour le plus grand bonheur de notre mère et tant qu'elle vécut : élégante séduction, goût pour les jeux, engagement, folies secrètes. Quand elle mourut, il la réincarna aussitôt et écrivit un magnifique récit la célébrant. Après une longue et difficile hésitation, il laisse enfin son propre père apparaître à son tour – gardant tout, refusant de jeter ne fût-ce que l'ombre d'un papier, planqué dans son bureau, épris de solitude – le dessin ne saurait tarder.

Et moi ? De qui suis-je la réincarnante ? Suis-je Louis le coloriste ou Sipa la frileuse ? Rose ou Yvonne ? En temps de guerre, on garde tout. J'ai tout gardé.

La maison sous les bombes

SEPTEMBRE 1939. Les hommes partaient au front. L'hiver passa sans crainte, et le printemps aussi. Malgré son jeune âge, ma mère remplaçait le pharmacien du bourg d'à côté, mobilisé. Mon père, également pharmacien, faisait la drôle de guerre dans les services médicaux de l'armée quelque part en Lorraine, sans tirer un coup de feu. Il existe de poétiques photographies, prises pendant une permission, qui montrent mes parents flânant au bord d'un fleuve lorrain en hiver : il porte sa capote, elle son manteau de phoque, ils ont froid mais ils rient et, pourtant, c'est la guerre. Cela ne se voit pas.

La maison ne s'en faisait pas outre mesure. De ses fenêtres, elle surveillait, à l'horizon du fleuve, le double pont suspendu entre le bourg de Gennes et celui des Rosiers. Octobre et novembre virent monter les eaux, noyer les grèves, migrer les hirondelles et les canards. En décembre, il fit doux, comme à l'ordinaire. Le printemps fut à l'heure, les primevères à l'appel. Pendant presque une année, rien à signaler.

Ah ! Si. Pour se rendre au travail, ma mère conduisait une petite Citroën décapotable, mais n'étant pas experte, un jour, elle suspendit son sac à main au bouton du démarreur. Puis, criant à la panne, elle appela le garagiste. L'étourdie ! Elle était ravissante, Rivka, ma mère. Ce sont des choses qui aident. On se paya sa tête avec attendrissement.

Puis tout s'accéléra. L'ennemi arrivait. Élevé au rang de chef d'exode, mon grand-père Louis quitta Paris fin mai, rejoignit le village à la tête d'une cohorte de fuyards qu'il appelait « mes gars » et se mit en vigie sur le parapet. Rien pendant trois semaines. Comme par hasard, l'état de guerre chez nous explose le 18 juin 1940, jour de l'appel du Général. Cela se passe à l'horizon du fleuve. Bien préparé, le génie militaire saborda le double pont pour barrer la route aux panzers. Il était seize heures trente, et deux photos l'attestent : l'une à seize heures trente-cinq, l'autre à seize heures quarante. Il y avait des nuages d'été dans le ciel bleu, et pour qu'on ne confonde pas, la légende précise :

« Notez le panache de fumée de l'explosion au milieu de la photographie. »

On sait que la déculottée des armes françaises fut en juin 1940 sans égale, déroute en rase campagne et rapide reculade jusqu'à Saint-Jean-de-Luz. Il y eut pourtant cette exception : 19-22 juin, trois jours de résistance militaire acharnée, juste à côté de la maison.

Qui résista ? Des gosses. Les cadets de l'École de cavalerie de Saumur se lancèrent à l'assaut des panzers pour la plus grande stupéfaction de l'armée allemande, qui n'avait trouvé jusque-là aucune résistance. Ils avaient entre dix-neuf et vingt-deux ans, ils n'étaient même pas officiers, non. De simples élèves, armés de bric et de broc. « Cette poignée de gamins nous arrêta ! » s'exclama un général teuton.

Quand elle les trouva gisant sur les talus, Rivka n'avait plus rien à faire, sinon leur fermer les yeux. Une vingtaine de cadets reposent près de la chapelle Saint-Eusèbe, à Gennes ; ce petit cimetière qui surplombe le fleuve comprend des croix chrétiennes et aussi un croissant, pour un tirailleur sénégalais d'origine algérienne dont le nom demeure incomplet, Bachir.

Mais, pendant le massacre, l'infanterie avançait. Avancer, c'est une façon de dire. Rose cueillait les salades en haut sur la terrasse quand elle les aperçut barbotant dans la Loire. Le temps qu'elle dégringole les vieilles marches d'ardoise, ils avaient abordé avec leurs paquetages. Dans la langue de la guerre, avec fusils et gestes, ils demandèrent des chemises sèches, à manger, de quoi étendre leurs uniformes. Ils posèrent leurs fusils, ils déjeunèrent. Le jour suivant s'installaient les « invités » en vert-de-gris – les « doryphores », comme on dira plus tard en hommage au parasite de la pomme de terre. Dans la maison ! Des officiers allemands ! Il paraît qu'ils me promenèrent dans mon landau, attendris par mes cheveux blonds.

En bonne logique, je ne devrais avoir aucun souvenir de l'invasion allemande. J'avais un an et demi, âge auquel les psychanalystes ne reconnaissent pas le droit à la mémoire. Ai-je vu ces gerbes de feu dans la nuit, et ces traînées de flammes effondrées dans les eaux ? J'ai toujours cru qu'il s'agissait du pont suspendu. Évidemment, c'est faux. Dix fois, on m'a montré l'album photo, dix fois, j'ai constaté que l'explosion du pont s'était passée à seize heures trente. En plein jour dans les cumulus.

Mais ces gerbes de flammes, alors ? Qu'est-ce que c'était ? Le canon tonna trois longues nuits et ce sont des obus traçants, sans doute, que j'ai vus. Et pourtant, rien à faire. Dans ma cervelle infantile et têtue s'est imprimée la chute du double pont suspendu dans la Loire.

Je me raisonne, je me dis que c'est le type même du souvenir-écran, fabriqué, selon Freud, de pièces et de morceaux entendus, et pas vus. Que saint Freud aille au diable ! Cette image du double pont suspendu qui explose, j'y tiens. Cette violence extrême et cette explosion, cette guerre qui commence, voilà mon socle de mémoire.

Partout ailleurs, je peux regarder sans frémir les feux d'artifice, mais pas dans la maison, et jamais sur le fleuve. Le 14 Juillet de nos années de paix m'est chaque fois un nouveau cauchemar : sur le pont magnifiquement reconstruit, on tire des fusées et la guerre recommence au fond de mes rétines. Encore, si seulement les artificiers des œuvres Ruggieri se contentaient du pont ! Mais non ! Anniversaire, retrouvailles, naissances, mariages, tout est bon pour tirer un feu d'artifice sur le fleuve, les gars de la maison sont doués pour l'exercice et ils adorent ça. Je me bouche les oreilles, j'ai peur, je m'enfouis et puis je glisse un œil sur les gerbes de feu dans la nuit.

Mes grands-parents juifs étaient venus s'abriter à Saumur. Ce n'était pas encore l'époque du malheur. Une photo d'hiver montre sur le parapet ma grand-mère Sipa emmitouflée dans une fourrure claire avec un col de renard sombre, tournant le dos au fleuve, tournant le dos au monde. Les fourrures de Sipa, au village, ça n'était pas banal, mais Georges étant fourreur rue d'Hauteville, personne ne s'étonnait. Il n'y a pas si longtemps, cinq années tout au plus, qu'une vieille dame de passage me décrivait Sipa, toujours enveloppée dans une de ses fourrures, trottinant sur le bord de la Loire, à pas très lents, car elle avait des rondeurs conséquentes. Cinquante-cinq ans plus tard, la visiteuse gardait les fourrures en mémoire. La vieille dame a dit comme tout le monde : « Si on avait su... Mais que pouvait-on faire ? On ne se doutait pas... »

Nous non plus, on ne se doutait pas. Personne ne se doutait. Et pendant qu'ils allaient vers leur asphyxie, la maison avait de gros soucis. Surgirent les bombardiers américains. Or cette apparition si longtemps attendue tourna au cauchemar. Passé leur campagne de bombardement sur Angers et Saumur, les énormes avions nous tombèrent dessus. Cela n'avait ni queue ni tête.

Un zigue, que personne n'avait jamais vu, s'était pointé l'air de rien auprès des troupes américaines, affirmant qu'à l'abbaye de Saint-Maur voisine d'un kilomètre, se cachaient des Allemands. Mon jeune oncle eut beau lui seriner que non, qu'il délirait, que pas du tout, voyons ! Rien à faire. Le zigue était sûr de son coup et, d'ailleurs, on allait voir ce qu'on allait voir. Il avait prévenu, donné l'alerte, et le village serait bombardé.

Il faudrait le génie de Tolstoï pour écrire le bruit exact du sifflement des bombes sur les eaux. Dans *Guerre et Paix*, il n'hésite pas, lui, devant les onomatopées. Comment dire ? C'est un son qui déchire l'air et tombe à l'eau. Une sorte de « Dz », une manière de « Chh », avec un peu de « sss », et énormément d'« iii ». Dzzchhssiiii...

Vers midi, je jouai dans la cour avec des copains quand j'aperçus Yvonne, blanche comme un linge, courant à toutes jambes pour m'attraper. Pour une fois que je jouais ! À cache-cache ! Elle me flanqua dans son giron et s'aplatit sur le sol, juste à temps. L'un de mes compagnons de jeu y perdit une jambe. D'Yvonne, je garde l'image d'une mère poule affolée par un chasseur ivre.

Un an plus tard, quand il fut avéré que Georges et Sipa ne reviendraient jamais, la maison fut triste pendant de longues années. Elle ne fut pas en deuil, non ; car, en cas de décès, la maison travaille considérablement. Elle s'active, elle fourbit, elle donne à manger. Mais triste, pour le coup, oui. D'autres enfants naquirent, et il y eut des jeux. La maison laissa faire, elle aida de son mieux. Elle fut un tantinet délaissée. Elle ne retrouvait son allant qu'en période de vacances, et alors, il fallait la voir fenêtres grandes ouvertes, et chapeau sur la tête, comme si de rien n'était. Et puis, le temps aidant, elle força les choses. Les générations passèrent. Les flirts recommencèrent, les gronderies, les raccommodages, on dirait qu'elle reprise les cœurs sur un gros œuf. Pour cela, elle fait la fête.

La maison avait connu la plus belle des fêtes en 1943, un mariage joyeux comme on peut l'être quand les temps sont mauvais et qu'on trouve, miracle, une échappée.

Les mariés s'aimaient d'amour tendre, ce qui donne à l'événement un poids considérable, d'autant que, cinquante ans plus tard, ils n'ont guère changé. Pierre, mon jeune oncle, était en habit, Huguette, sa fiancée, en tulle blanc ; Pierre était très blond, Huguette fort brune, et moi, cheveux bouclés au petit fer, j'étais en long, demoiselle d'honneur couronnée de fleurs.

Sur les photographies, la noce d'Huguette et Pierre prend un air Jean Vigo, avec, à cause du fleuve, une allure *Atalante* en noir et blanc, alors qu'en couleurs, pour de vrai, ce fut un festival de gaieté. Il faisait beau. On dansa toute la nuit, on but beaucoup, on raconta des histoires drôles, on chanta et l'on rit. On se déguisa, bien sûr, on fit le clown. On pissa dans l'obscurité. On s'emplit l'estomac pour faire des provisions de satiété. On baisa dans les coins, du moins, c'est ce que je crois. La fête s'éternisa. La guerre n'existait plus.

Et quand il fallut enfin en finir, on repartit, avec des stocks de bouffe et de bonheur pour quelques jours.

Pour leur nuit de noces, les fiancés s'étaient dérobés à la coutume. Vieille cérémonie quasi universelle, le chahut qu'on réserve aux époux pendant la nuit de noces est fait pour chasser le malheur. Une défloration, il faut faire attention. Des fois que le sort tournerait. L'hymen d'une jeune fille, cela vous a partie liée avec les étoiles, les astres morts, la lune, le toutim du cosmos et, pour neutraliser ce grand péril, on fabrique du bruit. C'est le charivari.

Donc, avec des casseroles et de quoi taper dessus, on va réveiller les jeunes mariés. Mais ils s'étaient sauvés. Où ? Allez savoir.

Dans la chambre nuptiale, mes parents avaient pris leur place et reçurent le cortège des copains abusés. C'est pas eux ! Mais c'est qui ? C'est vous ? Ça alors, où sont-ils ? Ah ! Ce n'est pas de jeu ! Soumis à la question, mes parents finirent par avouer. Peine perdue pour les fuyards ! À l'aube, les jeunes mariés eurent droit au pot de chambre plein de vin chaud, qu'on leur porta dans l'antre où ils s'étaient cachés, une tente dans le petit bois.

De ces agapes, je n'eus que les miettes, car les petites filles vont au lit tôt le soir. Mais pour miettes qu'elles fussent, ces fragments de bonheur m'apprirent que la fête n'est jamais si précieuse qu'en cas de malheur alentour.

Je n'avais pas vraiment conscience du malheur, mais je n'ai pas gardé de souvenir de jeux – excepté cache-cache quand la bombe tomba. Quand on naît dans la guerre, on ne dispose pas de comparaison avec la vie en paix. Le temps angoissé des adultes était nécessairement le mien, mais il était normal, éperdument normal. S'habituer à la paix ne fut pas une petite affaire ; je ne suis pas très sûre d'y être parvenue.

Une semaine après sa nuit de noces sur la colline, pour échapper au Service du travail obligatoire qui l'aurait expédié dans l'Allemagne nazie, mon jeune oncle prit l'habit d'un mineur et se cacha au fond des mines de Sablé.

Dans la maison, depuis ce fameux mariage, on est économe en fêtes. Quand elles sont prévues à date fixe, on prépare, avec la marge de flou nécessaire à la réussite, comme pour les bouquets. On illumine, on dresse des tentes en cas de pluie, on dispose les feux d'artifice, on est méticuleux en cuisine, le reste appartient aux dieux. Il y a toujours un piano, toujours une guitare, quelquefois, électrique, il y a du saxo, un triangle, une trompette et l'on chante les chansons dont raffolait Yvonne, les décennies circulent comme les nuages et la maison a sa ration de chansons.

La maison sous les bombes

Parfois, mais c'est rare, il arrive que les dieux décident d'improviser. Quelqu'un débarque à l'impromptu, il fait tiède, la pelouse ne craint rien, l'hôte de hasard trouve dans sa voiture de quoi diffuser des musiques, on commence à danser quand soudain ! Il pleut. C'est souvent dans la pluie qu'on reconnaît l'intervention des dieux. On danse sous la pluie, armés de parapluies. Toute la nuit il pleut, toute la nuit on danse. Les ombrelles sont de toutes les couleurs ; la fête y gagne un charme de cirque chinois. Les enfants s'emmêlent les guibolles dans les manches d'ombrelles, et le tout est exquis. On reconnaît qu'une fête est divine quand on s'en va coucher en soupirant « Comme c'était bon ! ».

Non. Ce n'est pas cela du tout. La fête, c'est l'échappée, la routine qui se brise et la guerre qui s'oublie. Dans la cage thoracique, les côtes s'élargissent en laissant passer l'air, on respire, pour la première fois on respire. Demain, on repartira se cacher, mais ce soir non, tant pis. On ne se dit pas : « Comme c'était bon ! », on se dit : « Quelle chance ! Nous sommes vivants. »

La maison m'a fait ce cadeau. Pendant cinq ans, elle m'a assurée contre la mort.

Yvonne-sur-Loire

NOUS SOMMES partis très tôt, vers sept heures du matin, par la porte d'Orléans, région aux maisons rouges. Nous nous sommes arrêtés à Brou, halte andouille et frites. Nous avons peureusement pris la route de la Course, les Vingt-Quatre Heures du Mans, en suivant le circuit qui passe sous un pont figurant un gros pneu. Est-ce avant ou après ? Sur la route se dresse une énorme bâtisse aux toits roux, dont les douves et les tours ont un air templier, c'est la commanderie d'Arville. On n'est pas dans l'ardoise, on reste dans la tuile, on peut s'assoupir, ou bien lorgner en douce les marguerites sur les talus. Arrêt pipi pour les enfants, buissons, orties.

Vers La Flèche, la bascule se fait. Pierres blanches et toits d'ardoise. On est dans la vallée, bois de pins sablonneux, étangs, champs inondés au printemps. L'été, sur la route, les cailles se promènent en famille et le faisan doré balade sa poule faisane. À la Toussaint, le lièvre survivant se dresse à l'horizon, immobile et tremblant d'émotion, comme il est grand, ce lièvre, comme il a peur ! C'est le lièvre d'angoisse chanté par Maïakovski, le lièvre de l'existence en pleine révolution.

Vite ! Il se fait tard. Yvonne attend pour le dîner. C'est le soir. Quand on est aux Rosiers, on est encore dans la plaine près des pins. En traversant le double pont suspendu, on change d'univers. La voilà !

Comment est-elle aujourd'hui ? Haute, s'apprêtant à noyer les saules ou très basse, offrant ses sables aux canards ? Il y aura toujours quelqu'un pour commenter, dis donc, elle est drôlement haute cette année, pour avril ! Passé le pont, on tourne à droite, on tourne le dos au monde. Restent cinq kilomètres et soixante ans plus tard, quand la route apparaît, j'en ai le cœur qui bat.

C'est la route où sont morts les cadets, celle que faisait ma mère dans sa petite auto, celle qui nous voit venir, celle qui nous y conduit. La route longe la Loire.

L'été, on ne la voit guère, les peupliers la cachent, d'immenses peupliers de trente mètres de haut dominant des étangs, des boires, des bras de fleuve ; l'hiver, elle nous frôle ou elle est sur la route. Chaque tournant s'engouffre dans les frondaisons, chaque tour de roue s'immerge dans le vert. Éteint, celui des saules, gris comme l'écorce d'amande, rouge, celui des peupliers au printemps, jaune d'or, leurs feuilles d'automne, anglais, le vert des prés ou celui des pommiers. Légère éclaircie à Bessé, jardin de Dominique et maison de Brigitte, cyprès au pied du prieuré pudique. Et puis cela reprend, le vert, le vert encore, et la Loire cachée comme le Dieu des mystiques. C'est elle dont l'attente nous fait battre le cœur, car nous connaissons l'endroit où elle va apparaître. Passé la colline couverte de vignoble, en haut de la montée, derrière les buissons, soudain.

Elle surprend tout le monde, tellement elle est large. Elle avec ses hérons, ses goélands, ses barques noires, elle avec ses courants, ses tourbillons, ses écumes, ses aigrettes. On ne la quitte pas des yeux en entrant au village. On ne la quitte pas des yeux en longeant le parapet et sur le parapet, on voit enfin Yvonne, qui attend, bras croisés, l'œil d'un bleu furax.

— Enfin ! Je commençais à me faire du souci, dit l'Yvonne éternelle. Vous vous rendez compte ? Il est presque huit heures ! Le dîner est prêt. Allez, vite !

Potage poireaux-pommes de terre, œufs à la coque, coquillettes au beurre, cerises en sirop. Le dîner du retour n'a jamais varié. « Mange donc ! » disait Yvonne. Après huit heures de route, on n'a pas très faim, mais cela ne fait rien, la table sur laquelle est servi le repas donne sur la Loire. Yvonne lui tourne le dos, Yvonne regarde dîner sa descendance avec le sentiment d'un monde pacifié.

On débarrasse, on secoue les miettes de la nappe, et Yvonne prend place dans son fauteuil avec vue sur le fleuve. C'est là qu'elle nous attend, qu'elle nous attend toujours. On s'ébroue, on s'égaille, on grimpe sur la terrasse, on redescend, Yvonne s'est couchée.

Demain, je monterai la voir au cimetière en cueillant en chemin, dans le jardin, sa lavande préférée ou bien du romarin, qu'elle faisait bénir le jour des Rameaux. Je poserai mon butin sur le marbre à ma façon païenne, sans rien mettre dans l'eau, un peu à la sauvette, les plantes aromatiques sont faites pour sécher, pourquoi pas sur une tombe ?

De toute façon, ce n'est pas là qu'elle est.

Demain, Yvonne sera debout sur les marches, triomphante. « J'ai fait trois lessives et six bocaux de fruits ! » dira-t-elle. Et moi, aujourd'hui, quand j'ouvre un œil – très tard, ayant veillé jusqu'à l'aube –, je dis, debout sur les marches, triomphante : « J'ai fait encore dix pages ! » Et tout le monde me répond, comme moi à Yvonne : « C'est très bien, Mamichou. Continue. »

André Van Voorn gravait son nom sur le tuffeau, Yvonne faisait des bocaux de cerises au sirop et moi, dans la maison, j'écris. Vers la fin de la nuit, lorsque je fermerai l'ordinateur, je croiserai Yvonne qui se lève aux aurores, je traverserai la cour pour la rejoindre, nous sortirons toutes deux sur le parapet et nous regarderons le lever du soleil sur le fleuve – « Tu as vu comme c'est beau ? » dira-t-elle.

Remerciements

L'auteur remercie tous les vivants qui peuplent la maison de près ou de plus loin, Pierre et Huguette, Jean et Colette, Jean-Pierre et Françoise, Jérôme et Marie-Christine, Gérard, Monique de la rive, Sybille et Francis, Jean-Marie et Safoura, Nicole, Agnès et Hiroyuki, Brigitte et Dominique, Michelle et Alain, Bernard du coteau, Christophe et Olivier, Sylvaine, Linda, Patricia, Michel, Cécile, Olivier et Marie-Noëlle, Nicolas et Elsa, Sarah et Jeff, Arnaud, Gaëlle et Stéphane, Mariame et Jacob, Julien, Elsa, Judith, Malo, Mitsou, Marie, Paloma, Pierre, Titus, Antoine, Arthur, Grégoire, Ben, Capucine, Rose, Eugénie et, naturellement, A. L.

André Lewin
son mari

TABLE

Ouvrages de Catherine Clément (suite)

Les fils de Freud sont fatigués, Grasset, collection « Figures », 1978.
L'opéra ou la défaite des femmes, Grasset, collection « Figures », 1979.
Vies et légendes de Jacques Lacan, Grasset, collection « Figures », 1981, rééd. Bibliopoche, 1986.
Rêver chacun pour l'autre, Fayard, 1982.
Le goût du miel, Grasset, collection « Figures », 1987.
Gandhi ou l'Athlète de la liberté, Découvertes Gallimard, 1989.
La syncope, philosophie du ravissement, Grasset, collection « Figures », 1990.
La pègre, la peste et les dieux (chronique du Festival d'Avignon), Éditions Théâtrales, 1991.
Sissi, l'impératrice anarchiste, Découvertes Gallimard, 1992.
Sollers la Fronde, Julliard, 1995.
Cherche-Midi, Paris, Stock, 2000.
Les Révolutions de l'inconscient : histoire et géographie des maladies de l'âme, La Martinière, 2001.
Claude Lévi-Strauss, PUF, « Que sais-je ? », 2002.
La Nuit et l'Été. Rapport sur la culture à la télévision publique, Le Seuil / Documentation française, 2003.
Pour Sigmund Freud, Mengès, 2005.
Promenade avec les Dieux de l'Inde, Panama, 2005.

POÉSIE

Growing an Indian Star, poèmes en anglais, Delhi, Vikas, 1991.

Achevé d'imprimer sur les presses de

BUSSIÈRE

GROUPE CPI

à Saint-Amand-Montrond (Cher)
en avril 2006

Cet ouvrage a été composé et mis en pages
par Étianne Composition
à Montrouge.

Dépôt légal : mai 2006
N° d'édition : 47099/01 - N° d'impression : 061647/4

Imprimé en France